Editorial

AF198759

Liebe Leserinnen und Leser,

das letzte SOMMERGRAS hat aufgrund einiger Verzögerungen von Seiten der Post hie und da für Nachfragen gesorgt. So eine Verspätung ist natürlich immer ein wenig verunsichernd, hat uns als Redaktion aber auch signalisiert: Offensichtlich besteht doch bei vielen Lesern eine freudige Erwartung auf das jeweils kommende SOMMERGRAS. Dies war uns dann auch ein besonderer Ansporn für das vorliegende Heft, damit es sich vielleicht trotz des enormen Weihnachtspostbergs bei der DHL noch rechtzeitig vor Weihnachten in Ihrem Briefkasten einfinden kann: In intensiver Teamarbeit haben wir mit Hochdruck gearbeitet, damit diese Ausgabe überpünktlich in den Druck geht.

Und wir meinen: Auch diesmal lohnt es sich wieder, ausgiebig im Heft zu blättern und zu lesen. Besonders empfehlenswert ist der ausgezeichnete Artikel von Martin Lucas, den Bernadette Duncan für uns übersetzt hat.

Auch der Aufruf zum Wabi-Sabi-Haiku hat großes Interesse geweckt und wurde von vielen Teilnehmern als sehr positiver Mitmach-Beitrag angemerkt.

Wabi-Sabi* ist in unserer gewinnorientierten und schnelllebigen Welt eine eher weniger wahrnehmbare Geisteshaltung, nichtsdestotrotz scheint eine unterschwellige, aber spürbare Sehnsucht danach vorhanden zu sein.

So möchte ich mit einem prägnanten Zitat von Leonard Koren schließen: „Beschränke alles auf das Wesentliche, aber entferne nicht die Poesie."

Im Namen des gesamten SOMMERGRAS-Reaktionsteams wünsche ich Ihnen, wo immer Sie sein werden, entspannte und angenehme Feiertage und kommen Sie gut und gesund ins Neue Jahr!

Ihre Claudia Brefeld

*(*wabi* – die Herbheit des Einsam-Stillen / *sabi* – Patina zeigen, über Reife verfügen)

3

Inhalt

Deutsche Haiku-Gesellschaft e.V.

Die Deutsche Haiku-Gesellschaft e.V.[1] unterstützt die Förderung und Verbreitung deutschsprachiger Lyrik in traditionellen japanischen Gattungen (Haiku, Tanka, Haibun, Haiga und Kettendichtungen) sowie die Vermittlung japanischer Kultur. Sie organisiert den Kontakt der deutschsprachigen Haiku-Dichter/-innen untereinander und pflegt Beziehungen zu entsprechenden Gesellschaften in anderen Ländern. Der Vorstand unterstützt mehrere Arbeits- und Freundeskreise in Deutschland sowie Österreich, die wiederum Mitglieder verschiedener Regionen betreuen und weiterbilden.

[1]Mitglied der Federation of International Poetry Associations (assoziiertes Mitglied der UNESCO), der Haiku International Association, Tokio, der Gesellschaft für zeitgenössische Lyrik e.V., Leipzig, Ehrenmitglied der Haiku Society of America, New York.

Anschrift	Deutsche Haiku-Gesellschaft e.V., z. Hd. Stefan Wolfschütz, Postfach 202548, 20218 Hamburg
	Vorstand:
Info/DHG-Kontakt und Redaktion	Claudia Brefeld, Auf dem Backenberg 17, 44801 Bochum, Tel.: 0234/70 78 99, E-Mail: claudia.brefeld@dhg-vorstand.de
Redaktion	Eleonore Nickolay, 78, Avenue du Général Leclerc, F-77360 Vaires sur Marne, Tel.: 0033/160202350, E-Mail: eleonore.nickolay@dhg-vorstand.de
Kassenwartin	Petra Klingl, Wansdorfer Steig 17, 13587 Berlin, Tel.: 030/5618694, E-Mail: petra.klingl@dhg-vorstand.de
---	Peter Rudolf, Gartenweg 6, CH-4143 Dornach, Tel.: 0041/617021895, E-Mail: peter.rudolf@dhg-vorstand.de
Website	Stefan Wolfschütz, Curschmannstraße 37, 20251 Hamburg, Tel.: 040/477965, E-Mail: stefan.wolfschuetz@dhg-vorstand.de
	Brigitte ten Brink, Kelhofstr.1, 78465 Konstanz, Tel.: 07533/998722, E-Mail: brigitte.tenbrink@dhg-vorstand.de
Internationale Kontakte	Klaus-Dieter Wirth, Rahserstraße 33, 41747 Viersen, Tel.: 02162/12243, E-Mail: kd.wirth@dhg-vorstand.de
	Sowie:
Redaktion	Horst-Oliver Buchholz, Thomas Opfermann, E-Mail: redaktion@deutschehaikugesellschaft.de
Öffentlichkeitsarbeit	Dr. Beate Wirth-Ortmann, E-Mail: drw-o.haiku@t-online.de
Bankverbindung:	Landessparkasse zu Oldenburg, BLZ 280 501 00, Kto.-Nr. 070 450 085 (BIC: SLZODE22XXX IBAN: DE97 2805 0100 0070 4500 85)

Bibliografische Information der Deutschen Nationalbibliothek:
Die Deutsche Nationalbibliothek verzeichnet diese Publikation in der Deutschen
Nationalbibliografie; detaillierte bibliografische Daten sind im Internet über
dnb.dnb.de abrufbar.

©2018 Deutsche Haiku-Gesellschaft
Herstellung und Verlag: BoD –
Books on Demand, Norderstedt
ISBN 978-3-748183-93-8

BERICHTE

Haiga: Angelika Holweger

Weiterdichten

Auswahl: Wabi-Sabi-Haiku (Heft 122)

Ein Haiku zu dichten, in dem Wabi-Sabi sich widerspiegelt, eine nicht offensichtliche Schönheit, eine verborgene Schlichtheit im Unscheinbaren vielmehr, dazu hatten wir in der vergangenen Ausgabe eingeladen. 36 Autoren sind der Einladung gefolgt. Wir präsentieren eine Auswahl von Haiku, die wir für besonders gelungen halten. Die Auswahl haben Claudia Brefeld, Horst-Oliver Buchholz, Ramona Linke, Eleonore Nickolay und Thomas Opfermann vorgenommen. Alle Einsendungen wurden vor der Auswahl anonymisiert.

Die SOMMERGRAS-Redaktion bedankt sich herzlich bei allen Autoren!

Das Haiku mit der höchsten Wertung hat **Reinhard Dellbrügge** geschrieben, wir gratulieren! Es lautet

Herbstwiese –
der alte Weidenkorb
voller Äpfel.

Ein gelungenes Wabi-Sabi-Haiku!

Die erste Zeile birgt Wabi-Elemente in sich: Ein Bild aus der Natur, das im Leser Melancholie oder gar Traurigkeit hervorrufen kann. Auf einer Herbstwiese stehen keine Blumen mehr, und das Grün der Gräser ist fahl geworden. Das Jahr neigt sich dem Ende zu und erinnert uns an die Vergänglichkeit des Lebens. Die zweite Zeile fügt Sabi hinzu: ein mit der Zeit alt gewordener Gegenstand, hier ein Weidenkorb. Nicht nur die Japaner, auch wir Europäer können die Schönheit erkennen, die manchen alten Gegenständen innewohnt: eine verwitterte Bank, eine mit Patina überzogene Statue, vergilbte Briefe … Ihr Anblick berührt uns, denn in ihnen manifestiert, ja materialisiert sich die verflossene Zeit. Würde das Haiku allerdings hier enden, könnte das Bild, das wir uns von diesem Weidenkorb machen, womöglich ins Desolate verrutschen. Dann sähen wir ihn vielleicht, wie er feucht geworden, überwuchert vom Gras vor sich hin fault.

Die dritte Zeile rückt das Bild wieder zurecht. Der Korb ist zwar alt, aber immer noch so gut erhalten, dass man ihn mit Äpfeln füllen kann. Die Äpfel lassen nun auch die Herbstwiese in einem ganz anderen Licht erscheinen. Es ist eine Obstwiese. Der Sommer ist zwar vergangen, aber er hat Früchte getragen. Der alte Korb ist voll davon! Der Sommer hat uns beschenkt. Ein Haiku, das uns mit der Vergänglichkeit versöhnt. Ein Bild mit einer Aussage, die anmutet wie eine Weisheit aus dem Zen-Buddhismus: Das Leben beschenkt uns. Das Leben selbst ist das Geschenk.

Kommentiert von Eleonore Nickolay

Abschied im Regen –
der Rinnstein gelb
von Blütenstaub
Angelica Seithe

Ein fein gesetztes Haiku, durch das die Wabi-Sabi-Ästhetik hindurch scheint, ohne zu grell in den Vordergrund zu treten. Deshalb fein gesetzt, behutsam auch. Zeile eins nennt die Situation, offenbar eine traurige: Abschied und Regen, etwas geht zu Ende, etwas „geht den Bach runter", ließe sich salopp auch sagen oder eben: wird den Rinnstein hinab gespült im Regen. Wabi umschloss im Ursprünglichen auch die Bedeutung von Einsamkeit, von Verlassenem, von Öde. Hier wird es deutlich.

Und wird überführt in Zeile zwei, der Rinnstein, ein zumeist eher unbedeutender, trister Anblick. Schön, das Wort „gelb" gleich in Zeile zwei zu setzen, es wäre auch in der dritten Zeile möglich gewesen. So aber steht es dicht beim Objekt, dem Rinnstein, den es näher beschreibt. Der Rinnstein, sonst eher grau und unansehnlich, ist nun farbig gelb, wie leuchtend, und setzt so einen Kontrapunkt zur Tristesse, die einem Rinnstein sonst eher zu eigen ist. Hier wird die Wabi-Sabi-Ästhetik erneut deutlich: nicht das offenkundig Schöne, wie ein Schmuckstein oder ein leuchtender Herbstwald sind das Höchste, sondern vielmehr etwas Unscheinbares, meist nicht Beachtetes, wie hier der Rinnstein, farblich gewandelt durch gelben Blütenstaub.

Dass hier im traurigen Moment des Abschieds das schöne Detail von gelbem Blütenstaub im Rinnstein wahrgenommen wird, lässt ein Wabi-Sabi-geschultes Auge und einen ebensolchen Geist offenbar werden.

Das Gelbleuchtende kreiert zugleich auch einen spannungsreichen Gegensatz zur Melancholie, die dem Leser aus Zeile eins mit Regen und Abschied entgegentritt. Ein doppelter Bezug also, den die Autorin mit schöner Leichtigkeit im Schlussvers zu einem dreifachen erweitert und abschließt. Denn dort erfahren wir vom Ursprung des Gelben, es ist der Blütenstaub. Hingeweht, so dürfen wir annehmen, von flüchtigen Winden, flüchtig wie das Leben selbst, wie ein Abschiednehmen von Vertrautem oder Nahestehenden … wieder ein Verweis auf den Abschied im ersten Vers. So führt dies Hingewehte – ohne dass es namentlich genannt wird – zu einer weiteren atmosphärischen Verdichtung im Haiku.

Ein kleiner Kunstgriff auch: Die Verse sind frei von einem Verb, sie enthalten somit keinen Vorgang, kein Handeln. Das ist klug gemacht. Denn Vorgang und Handeln sind meist etwas Dynamisches, etwas Bewegtes. Der Verzicht auf ein Verb bringt so kaum merklich Ruhe in das Haiku, etwas Gelassenes, Hinnehmendes, was oftmals Haiku der japanischen Tradition charakterisiert, im Zen-Buddhismus wurzelnd, und in diesem Fall der Melancholie von Regen und Abschied etwas Lichtes entgegensetzt. Licht wie der gelbe Blütenstaub.

Sagte ich schon: ein fein gesetztes Haiku? Hier wiederhole ich es gerne.

Kommentiert von Horst-Oliver Buchholz

Außerdem hat die Jury folgende Haiku ausgesucht, die mehrheitlich als besonders gelungen gewertet worden sind. Die Jury-Mitglieder haben sich bei eigenen Einreichungen der Stimme, Diskussion und Wertung enthalten.

eisige Stunde
mit jeder Flocke
heller diese Nacht
 Horst-Oliver Buchholz

dunkler Ton
aus dieser Tasse
trank er Tee
 Gabriele Hartmann

Waldeinsamkeit –
nichts als das Tropfen
in die Stille
 Gérard Krebs

Altbauwohnung
der Riss in der Wand
skizziert ein Lächeln
 Eleonore Nickolay

Rostauto
liebevoll streicht er
über das Blech
 Joachim Thiede

Altkleidercontainer
unter der Sohle
ein Stück Heimat
 Taiki Haijin

dunkler Moorsee –
noch im Traum
sein Blubbern
 Ilse Jacobson

weißer Tau . . .
in der Sonne glänzt
ein vergessener Apfel
 Ramona Linke

bleierne Luft
den Stift
zur Seite gelegt
 Evelin Schmidt

Herbstmorgen –
in knorrigem Gesicht
zwei blanke Augen
 Janina Weidholz

Dieser SOMMERGRAS-Beitrag sowie alle Einsendungen sind auf unserer DHG-Website nachzulesen.
Über Meinungen und Gedanken für die nächste SOMMERGRAS-Ausgabe würden wir uns sehr freuen. Was meinen Sie? Welches Haiku gefällt Ihnen besonders – und warum?

Aufruf: ein Haiku für ein Haiga

Die Redaktion SOMMERGRAS lädt Sie wieder ein. Wir haben ein ungewöhnliches Foto ausgesucht, es stammt von Elisabeth Kleineheismann. Lassen Sie dessen Wirkung sich entfalten, lassen Sie sich inspirieren und schreiben Sie ein Haiku zum Bild, damit daraus ein Haiga entstehen kann.

Einsendungen bis zum
15. Januar 2019
an
redaktion@deutschehaikugesellschaft.de
Stichwort: Haiku für ein Haiga

Jeder Teilnehmer kann ein Haiku einreichen. Die Jury wählt ein besonders gelungenes aus und ergänzt das Foto zu einem Haiga, das in der nächsten Ausgabe SOMMERGRAS veröffentlicht wird. Darüber hinaus präsentieren wir eine Auswahl weiterer Haiku, die uns erreichen.
   Wir sind gespannt und freuen uns auf inspirierende Verse!

Haiku-Kaleidoskop

Klaus-Dieter Wirth

Grundbausteine des Haiku (XXXIV)

Exclamatio

Der Ausruf (lateinisch *exclamatio*) ist ein Stilmittel des Affekts, der echten Gemütserregung oder auch der rhetorischen Belebung.[1] Seine Spannweite reicht von einer ganz kurzen Äußerung des Erstaunens, der Verwunderung, der Freude, jedoch auch des Schmerzes oder der Abweisung in nur einem einzigen Wort bis hin zu einer in einem vollständigen Satz.

Eine Minimalform dieser Art bildet ansonsten sogar eine eigene Wortart, die Interjektion[2], als solche grundsätzlich unveränderlich, also unflektierbar. Sogenannte primäre Interjektionen, z. B. *oh, aha, nanu, pst, hurra; aua, pfui, igitt* sind außerdem von keinem anderen Wort abgeleitet; sekundäre wie etwa *Mensch! Mist! Donnerwetter!* schon.

Längere Ausrufe in Satzform können selbst als rhetorische Frage auftreten[3], auf die ja auch keine Antwort erwartet wird, die dafür aber gezielt Emotionen hervorrufen möchte. Ein klassisches Beispiel ist die Wendung, mit der Cicero im römischen Senat seine erste Rede gegen Catilina am 8. November 63 v. Chr. einleitete, um vor dessen Verschwörungsabsichten zu warnen: *Quo usque tandem abutere, Catilina, patientia nostra?* („Wie lange noch, Catilina, wirst du unsere Geduld missbrauchen?")[4]

Mit Blick auf das Japanische stellt sich bei der Wiedergabe von Ausrufen allerdings eine ganz andere Sachlage dar. Zunächst werden im amtlichen offiziellen Japanisch keine Ausrufe- und Fragezeichen verwendet, *kantanfu* und *gimonfu* erscheinen nur im informellen Gebrauch oder in

---

[1] Von Wilpert, Gero: *Sachwörterbuch der Literatur*, Stuttgart (Kröner) 1989, S. 65.
[2] Von lat. *interiectio* (= das Dazwischenwerfen, der Einwurf), dt. als Ausrufe- oder Empfindungswort *bezeichnet.*
[3] Vgl. Haiku-Grundbaustein XXII.
[4] *Lausberg, Heinrich: Elemente der literarischen Rhetorik, München (Hueber) 1963, S. 146 f.*

Manga-Texten. In der Poesie kommen dafür die sogenannten Schneide-wörter (*kireji*) *kana* und *ka* zum Zuge: *kana* zum Ausdruck des Erstaunens oder auch zur Betonung, *ka* zur Markierung einer Frage, beide jeweils ans Ende der Aussage gesetzt. Weiter ist anzumerken, dass es zwar auch im Japanischen Interjektionen gibt, sie jedoch wiederum naturgemäß zur Um-gangssprache gehören.

Hinzu kommt, dass Japaner grundsätzlich sehr zurückhaltend beim Be-kunden einer direkten Gefühlsbewegung sind. Überraschung oder Bestür-zung, Erstaunen, Bewunderung, Ärger, Widerwillen werden schon aus Motiven der Höflichkeit, des Respekts kaum offen zum Ausdruck ge-bracht. Umso erstaunlicher ist, dass hier das Haiku im Hinblick auf die Exclamatio anscheinend geradezu die Funktion eines Ventils innehat, las-sen sich doch entsprechende Beispiele ohne große Mühe finden, während sie in den westlichen Literaturen eher seltener zur Anwendung kommen. Fazit: Das Stilmittel des Ausrufs spielt zwar in beiden Kulturbereichen durchaus eine Rolle, begegnet aber mit unterschiedlicher Gewichtung. Dementsprechend wurde auch ein Anteil des nachfolgenden englischspra-chigen Beispielkontingents dem japanischen zugesprochen.

¿De qué árbol en flor?
No sé
¡Pero qué perfume!

> Matsuo Bashō (JP)
> Übersetzung von Aquiles Julián

Welcher Baum da blüht?
Ich weiß es nicht.
Doch welch ein Duft!

I wish I could guide
this clear spring water
to where I am living

> Yosa Buson (JP)
> Übersetzung von W.S. Mervin &
> Takako Lento

ich wünschte, ich könnte
dieses klare Frühlingswasser
dorthin leiten, wo ich wohne

wake up! wake up! my children –
swallows. pigeons,
sparrows

> Kobayashi Issa (JP)
> Übersetzung von David G. Lanoue

wacht auf! wacht auf! meine Kinder –
Schwalben, Tauben,
Sperlinge

To pluck it is a pity,
To leave it is a pity,
Ah! This violet!

> Naojo (JP)
> Übersetzung von R. H. Blith

Es pflücken, wie schade,
Es stehenlassen, wie schade,
Ach! Dieses Veilchen!

Och, kijk, een mus sprong
helemaal langs de veranda
met natte voetjes.

> Masaoka Shiki (JP)
> Übersetzung von J. van Tooren

Ach, sieh nur, ein Spatz
hüpfte die Veranda entlang
mit nassen Füßchen.

O, dat is, dat is –
geen woord meer; – de bloeiende
Yoshinobergen.

> Teishitsu (JP)
> Übersetzung von J. van Tooren

Oh, das ist, das ist –
kein Wort mehr; – die blühenden
Yoshinoberge.

How refreshing!
White parrots in the painting
side by side

> Yoshiko Yoshino (JP)
> Übersetzung von Jack Stamm

Wie belebend!
Weiße Papageien im Bild
Seite an Seite

Blätter schweben
im Abendlicht – wie schwer
so leicht zu sein

> Ruth Franke (DE)

Der Mond balanciert
auf der Spitze des Berges
… leise … nicht atmen

> Irene Friedrich-Preuß (DE)

13

Schach!
Die Dame zieht sorgfältig
den Lippenstift nach
    Hans-Jürgen Göhrung (DE)

In kühlerem Wind
wie das Tageslicht verfällt
auf leeren Feldern
    Horst Ludwig (DE/US)

Ach, linnendrogers –
aan de verlaten waslijn
geen slipjesdans meer.
    Henri Decorte (BE)

Ach, kon hij maar
wat ervaring inruilen
voor wat jeugd van vroeger …!
    Hubert De Splenter (BE)

kijk, die olifant
langzaam wordt hij twee hondjes
wolken in de wind
    Marianne Kiauta (NL)

Kijk 's de maan vliegt
nee de wolken vliegen
die domme oma
    Carla Mostett (NL)

Stap na stap omhoog
door het mulle zand – daar
de zee, kijk, de zee!
    Adrie van den Berg (NL)

die erste hummel!
der nachbar macht
sein mortorrad flott
    Gérard Krebs (CH/FI)

Sieh an! meine Eltern
in einem alten Film
doch jünger als ich
    Klaus-Dieter Wirth (DE)

Ach, Wäschetrockner –
an der verwaisten Wäscheleine
kein Sliptanz mehr.

Ach, könnte er nur
etwas Erfahrung eintauschen
gegen etwas Jugend von früher …!

sieh nur, der Elefant
wird langsam zu zwei Hündchen
Wolken im Wind

Guck nur der Mond fliegt
nein die Wolken fliegen
die dumme Oma

Schritt für Schritt hinauf
durch den lockeren Sand – da
das Meer, sieh nur, das Meer!

Ay!
lightning bugs
bite the night

David Caruso (US)

Oh!
Glühwürmchen, die
in die Nacht beißen

look, the first
sasanqua camellia!
the cat's pink yawn

Lorin Ford (AU)

sieh nur, die erste
Herbst-Kamelie!
der Katze rosa Gähnen

I straighten our bed
if only everything else
was so simple

Naomi Madelin (GB)

ich streiche das Bett glatt
wenn doch alles sonst
so einfach wäre

first bumblebee
how near the humming
of a new spring

marc may (GB)

erste Hummel
wie nah nur das Summen
eines neuen Frühlings

comme ils s'engueulent!
vieux couple dans le parc
allant main dans la main

Maxianne Berger (CA)

wie sie sich anbrüllen!
altes Ehepaar im Park
Hand in Hand gehend

Sans les oiseaux
combien serait inachevée
l'aube dans le jardin

Hélène Boissé (CA)

Ohne die Vögel
wie unvollendet wäre doch
der Tagesanbruch im Garten

l'herbe flétrie
ah, que la vie
passe vite!

Danièle Duteil (FR)

Verdorrtes Gras
ah, wie schnell doch das Leben
vergeht!

15

ce matin
trop beau pour travailler
le nuage c'est moi

 Patrick Palaquer (FR)

dieser Morgen
zu schön um zu arbeiten
die Wolke, das bin ich

En lisant les mots …
comme ils sont restés jeunes,
mes copains de guerre!

 Frans Terryn (BE)

Beim Lesen der Wörter …
wie jung sie verblieben sind
meine Kriegskameraden!

En el camino
¡cuántas veces nos desvió
la mariposa!

 Salim Bellen (RL/CO)

Unterwegs
wie oft leitete er uns doch um
der Schnetterling!

cherry tree in bloom –
if only I could stop
the wind

 Lucas Garczewski (PL)

Kirschbaum in Blüte –
könnte ich doch nur den Wind
anhalten

Callar, solo callar
ante ese trino
sin nombre.

 Fernando López Rodríguez (CO)

Schweigen, nur schweigen
bei diesem Zwitschern
ohne Namen.

birdsong …
if only I had
the time

 Leo R. Vinay (IN)

Vogelgesang …
hätte ich nur
die Zeit

¡Qué soledad!
En la quietud del lago
ni una canoa.

 Georges René Weinstein (CO)

Welche Einsamkeit!
In der Ruhe des Sees
nicht ein Kanu.

Eleonore Nickolay

Die französische Ecke

Für die 61. Ausgabe von GONG, der Zeitschrift der frankofonen Haiku-
Gesellschaft, bat die Redakteurin Delphine Eissen mehrsprachige Haiku-
Autoren um ihre Erfahrungsberichte. Diese fasst sie in einem treffenden
Bild zusammen: Jede Sprache ist wie eine Brille, durch die man immer nur
einen Teil der Realität erblicken kann. Von dem Elsässer Jean-Paul Gall-
mann erfahren wir, dass der elsässische Dialekt zum Beispiel kaum Voka-
bular besitzt, um über Liebe zu schreiben. Während die mehrsprachigen
Autoren eher ungezwungen und intuitiv von einer Sprache in die andere
wechseln, wenn es ihnen möglich ist, geraten Haiku-Übersetzer in so man-
che Zwickmühle. Danièle Duteil zitiert in ihrem Beitrag über die sprach-
lichen wie kulturellen Hürden der Übersetzungen aus dem Japanischen
Alain Kerven: „Jede Übersetzung von Poesie steht auf wackeligen Beinen
und scheint provisorisch." Klaus-Dieter Wirth demonstriert an zahlrei-
chen Beispielen aus mehreren Sprachen die Fülle linguistischer Herausfor-
derungen, denen ein Übersetzer sich stellen muss. Eine der Schwierigkei-
ten ergibt sich bei Homonymen, also Wörtern, die mehrere Bedeutungen
haben, wie zum Beispiel das Wort „Satz", für das Wirth gleich acht ver-
schiedene Bedeutungen aufzählt. Dass Homonyme sogar bei Mutter-
sprachlern Verwirrung stiften können, zeigte sich amüsanterweise ausge-
rechnet in der Formulierung des Themas für die Haiku-Auswahl:
„Glissement de langues". Da gab es einige Nachfragen bei der Redaktion
und etliche Kommentare in den französischen Haiku-Facebook-Gruppen.
„Langue" bedeutet nämlich Zunge und Sprache zugleich. Das Gleiten der
Zungen hört sich demnach recht anzüglich an. Die meisten Autoren wähl-
ten dann auch die Bedeutung „Sprache" in Anlehnung an das Thema des
theoretischen Teils der Zeitschrift.

Hier zwei Beispiele, in denen „Zungen" thematisiert werden:

calin du matin –	Schmusen am Morgen –
la langue rapeuse	die raue Zunge
du chat	der Katze

    Christiane Ranieri

Tendues vers le ciel	zum Himmel gestreckt
les petites langues roses	die kleinen rosa Zungen
des orchidées sauvages	der wilden Orchideen

    Lucien Guignabel

Hier Beispiele mit dem Thema „Sprache“:

Cui cui cui …	Piep piep piep
au soleil du matin mamy parle	in der Morgensonne spricht Omi
aux moineaux	zu den Spatzen

    Michèle Harmand

vosins allemands	deutsche Nachbarn
déjà le bébé pleure	das Baby weint schon
en français	auf Französisch

    Jean-Paul Gallmann

Fuyant la guerre –	Auf der Flucht vor dem Krieg –
sa langue natale	seine Muttersprache
pour seul bagage	als einziges Gepäck

    Sandrine Waronski

Zusätzlich zur regulären Ausgabe beschert der Oktober den Gong-Lesern wie gewohnt eine Sonderausgabe mit dem Ergebnis des im Juli ausgeschriebenen Wettbewerbs. Eingereicht werden sollten Haiku zum Thema „Berg, Gebirge“ und Haiku mit *kigo* (Jahreszeitenwort). Von 447 Haiku wurden 103 ausgewählt.
Hier zwei der preisgekrönten Haiku:

funiculaire
lentement la montagne
se détache du ciel

Marie Derley

Seilbahn
langsam löst sich der Berg
vom Himmel

Musicien ambualnt
une trouée de ciel bleu
dans sa partition

Anne Brousmiche

Fahrender Musikant
ein blaues Himmelsloch
in seiner Partitur

Haiku: Claudia Brefeld, Foto: Paul Bernhard

Martin Lucas*

Das Haiku als poetischer Zauberspruch
Übersetzung: Bernadette Duncan

Das Haiku als literarische Gattung in der englischen Sprache kann nun auf eine ca. fünfzigjährige Geschichte zurückblicken. In dieser Zeit wurde viel Neues ausprobiert und viel gelernt. Gleichzeitig bleiben augenscheinlich nur wenige Autorinnen und Autoren beim Haiku-Schreiben. Viele sind zwei oder drei Jahre lang Feuer und Flamme – woraus manch geniales Werk hervorgeht – und dann verlöscht die Begeisterung, wenn die Dichterin oder der Dichter zu dem Schluss kommt, dass entweder das Potenzial der Haiku-Dichtung oder sein bzw. ihr Potenzial als Haiku-Dichter/-in ausgeschöpft ist. Eine Folge dieser Kurzlebigkeit ist, dass zwar manche Autorinnen und Autoren schnell und in großen Schritten vorankommen, die Bewegung als Ganzes sich jedoch viel langsamer entwickelt und es nun in mancher Hinsicht so aussieht, als ob sie eine Art Plateau erreicht hätte. Dieses Plateau besteht aus Anpassung, Selbstzufriedenheit und einfachem Können. Und der Druck sich anzupassen ist so groß, dass es schwierig geworden ist, den eigenen Inspirationen, poetischen Vorlieben und kleinen, auch im Gegenwind bestehenden Eigenheiten treu zu bleiben.

Um den Hintergrund dieser Diskussion zu verstehen, ist es wichtig zu wissen, dass sich die englische Haiku-Dichtung weitgehend mithilfe von übersetzten Beispielen entwickelt hat. Übersetzungen legen normalerweise den Schwerpunkt auf eine genaue Wiedergabe des Inhalts, dem jedoch oft jegliche Versuche einer Wiedergabe formeller Aspekte (wie z. B. Rhythmus oder Alliteration) geopfert werden. Historisch hatte diese Vorgehensweise zur Folge, dass Dichter und Dichterinnen, die nun ursprünglich englische Haiku schrieben, sich vor allem auf das Was konzentrierten und dem Wie relativ wenig Beachtung schenkten. Die international anerkannte Formel lautet ungefähr so (hier zum Spaß im 5-7-5 Schema, obwohl 5-7-5 ja nun veraltet ist, wenn es nach den Schiedsrichtern des feinen Geschmacks geht):

seasonal ref'rence	Jahreszeitenwort
then two lines of contrasting	dann zwei kontrastierende
foreground imagery	Bilder im Vordergrund

Einzeln betrachtet kann jedes dieser Haiku wirklich gut sein. Als Masse ist die Wirkung jedoch betäubend. Ich nehme *Modern Haiku* (US-amerik. Zeitschrift, *Anm.d. Ü.*) als meinen Ausgangspunkt, nicht um mit dem Finger darauf zu zeigen, denn es gäbe unendlich viele passende Beispiele, wie zahllose Sterne übers ganze Haiku-Firmament verstreut. Aber *Modern Haiku* genießt den größten allgemeinen Respekt, und das Haiku, das ich hier als Beispiel anführe, wurde in der Ausgabe 40/1 als eines der besten ausgewählt. Das unterstützt meine These, dass es nicht schlechte, sondern allgemein als gelungen betrachtete Haiku sind, die die Entwicklung dieser literarischen Form behindern. Ich entschuldige mich ausdrücklich bei Lynne Steel, denn ich hätte auch irgendein anderes Haiku von jedem von uns nehmen können. Hier ist es:

Indian summer	Altweibersommer
the old fan slows	der betagte Ventilator
to a stop	hält langsam an

Um es klarzustellen: Das ist ein gutes Haiku.

Wäre es bei *Presence* eingereicht worden, hätte ich es wahrscheinlich genommen. Aber in *Presence* wäre es eines von vielen unterschiedlichen Haiku gewesen – es wäre kein Beispiel par excellence für die zugrunde liegende Ästhetik der Zeitschrift. Es ist nicht nur in *Modern Haiku* der Inbegriff eines guten Haiku, sondern auch in den meisten anderen ernst zu nehmenden Zeitschriften, seien sie nun gedruckt oder digital, sowie in den verschiedenen Anthologien. Dieses Haiku tut, was so viele andere versuchen zu tun, und es wurde als bestes der Ausgabe ausgewählt, weil es seine Sache gut macht. Es ist ein gutes Beispiel seiner Art – und es ist genau diese Art, die ich beanstande. Zum einen passt es zu perfekt in die vorgegebene Formel. Da ist das abgegriffene Jahreszeitenwort, gefolgt von einem klar gegenübergestellten Bild im Vordergrund. Man muss in der gleichen Ausgabe nur 23 Gedichte weiter lesen, bevor das nächste „Altweibersommer"-Haiku erscheint:

Indian summer   Altweibersommer
a knowing look   ein wissender Blick
on the face of a pumpkin   im Gesicht des Kürbisses
    Alan S. Bridges

Während dieses Gedicht eine ganz andere Stimmung hervorruft, ist es dennoch von der Struktur her identisch. Es erfüllt identische rhythmische Erwartungen, und die wiederholte Begegnung mit diesem Muster, das sich durch die ganze Zeitschrift (und viele andere) zieht, führt zu einem fast hypnotischen Leseerlebnis. Um Steels Haiku etwas positiver zu betrachten: Es konzentriert sich eindeutig auf die Gegenüberstellung, die sowohl mit Vergleich und Kontrast arbeitet. Das Jahr geht zu Ende, und so hat auch der Ventilator fast ausgedient. Aber das Jahr flackert überraschend noch einmal auf, während der Ventilator langsam seinen Geist aufgibt. Es ist eine faszinierende Mischung, wobei die Aufmerksamkeit fast ganz von diesem Inhalt gehalten wird und fast gar nicht vom Ausdruck. Ich sehe sehr wohl die drei auf „s" endenden Wörter am Ende jeder Zeile, die eventuell zur allgemeinen trägen Stimmung beitragen. Außerdem überwiegen einsilbige Wörter, die ein Echo der stotternden letzten Momente des Ventilators sein könnten. Da jedoch alle diese Wörter, wie auch das Layout, am besten dazu geeignet sind, diesen Augenblick zu skizzieren – geeignet zumindest in den Augen eines geübten Haiku-Dichters – ist es schwierig zu sagen, ob ihre formellen Qualitäten gewollt oder zufällig sind. Der Inhalt hat das meiste Gewicht, und die einzige Aufgabe der Form ist es, diesen Inhalt so klar wie möglich zu transportieren. Das gelingt auch ganz gut, aber ich glaube mit gutem Gewissen behaupten zu können, dass der formelle Ausdruck sonst keine größeren Ambitionen hat.

Nachdem ich nun meinen Ausgangspunkt dargestellt habe, werden im Folgenden alle übrigen Beispiele der Ausgabe 37 von *Presence* entnommen. Das ist zum einen einer gewissen Bequemlichkeit geschuldet, zum anderen sind sie repräsentativ für ein ganz anderes ästhetisches Leitbild. Wenn das Haiku als poetischer Zauberspruch neu erfunden werden soll, dann vor allem dadurch, dass erstens poetische und nicht prosaische Ideale richtungsweisend sind. Zweitens wird die Form eher einer magischen Formel gleichen als einem reinen Bericht über eine mehr oder minder wichtige Begebenheit.

Ich erhebe nicht den Anspruch, dass jedes Haiku in *Presence* diesem poetischen Ideal entspricht. Ich glaube auch nicht, dass das erstrebenswert wäre. Eine einzelne Ausgabe einer Zeitschrift sollte verschiedene Blickwinkel miteinbeziehen und verschiedenartige Leseerlebnisse bieten. Senryu und einige einfache Haiku, die sich auf die Beschreibung von Tatsachen beschränken, können insgesamt zu einer solchen Erfahrung beitragen, auch wenn sie einzeln betrachtet nur Prosafragmente sind. Mit Blick auf das Ideal können einige Haiku mit außergewöhnlich nachklingenden Inhalten sehr wohl als Gedichte gelesen werden, auch wenn sie nur fragmentarisch sind oder vielleicht gar keine förmliche Unterstützung aufweisen. Am anderen Ende der Skala sollte es nicht schwer sein, solche Haiku als gute Gedichte anzunehmen, deren formelle und sprachliche Qualitäten uns in ihren Bann ziehen – unabhängig von jeglichen inhaltlichen Überlegungen.

Versucht man dem poetischen Zauberspruch über die Bildebene näherzukommen, scheint er oft nicht viel mehr als eine reine Beschreibung zu sein. Der Unterschied ist, dass das Beschriebene irgendwie so zufriedenstellend wirkt, dass wir in diesem Augenblick verweilen und fast versuchen, uns häuslich darin einzurichten. Dieser Nachklang stellt sich bei ländlichen Szenen einfacher ein, die fast etwas Primitives oder Archetypisches an sich haben. Im Vergleich dazu tönen urbane Szenen unserer modernen Gesellschaft oft etwas blechern und seicht. Ich möchte hier nicht behaupten, dass es unmöglich ist, urbane Haiku mit einem schönen Nachklang zu verfassen, aber ein Nachklang ist eine natürliche Konsequenz, wenn der Fokus auf das Menschliche in den Hintergrund tritt und der Horizont sich weitet:

mountain home the distant clunk of the cattle grid
>   Pamela Brown

Bergklause das ferne Klappern des Viehgitters

paddy field by the river	Reisfeld am Fluss
the voice of a farmer	die Stimme eines Bauern
speaking to the bulls	der mit den Bullen spricht
K. Ramesh	

Das erste Haiku dreht sich um eine relativ moderne Einrichtung, das Viehgitter, aber die Implikation von Einsamkeit und Schweigen und natürlich auch das einleitende Bild verweisen auf die Tanka von Saigyō (1118–90, Wanderpoet und buddhistischer Mönch, *Anm. d. Ü.*). Das zweite kommt wohl aus Indien und scheint in direkter Linie verwandt mit dem Japan Bashōs. Dieses Bild ist so tief zufriedenstellend, dass ich es auch ohne große sprachliche Unterstützung als Beispiel einer Art von poetischem Zauberspruch ansehe.

Eine Annäherung an die magische Formel über die Sprache bedeutet eine größere Gewichtung der Form im Gegensatz zum Inhalt, des Ausdrucks im Gegensatz zur Information. Dieses Haiku von Tito zeigt, was ich meine:

Rained from the morning's	Geregnet aus des Morgens
Clear blue,	Klarem Blau,
Settling on peony petals, too	Bleibt sie auch auf Pfingstrosen, schau
Ash from Mt Asama.	Die Asche vom Berg Asama.

Der Aufbau ist indirekt, und die Lösung wird bis zur letzten Zeile hinausgezögert, nach einer ungewöhnlichen Einleitung mit einem passiven und zudem etwas metaphorischen Verb. Es gibt ein offensichtliches alliteratives Muster: „peony petals", „Ash/Asama" und – tatsächlich! – einen Reim. Tito, alias Stephen Gill, schreibt diese Art von Vierzeilern schon fast so lange wie *Modern Haiku* existiert, aber sehr wenige haben sich von ihm inspirieren lassen, sodass außerhalb seines Kreises in Kansai, Japan, diese Spielart fast ganz vernachlässigt wird. Das ist in vielerlei Hinsicht bedauerlich, weil dieser üppige vierzeilige Stil eine weitaus reichhaltigere poetische Nahrung bietet als die gestutzten drei Zeilen der internationalen Formel. Die Gründe für die Seltenheit kann man nur vermuten, aber vielleicht wird durch die klar erkennbare Verwendung von Anfang, Mitte und

Schluss die geschätzte Direktheit des Haiku geopfert. Vielleicht verlangen jedoch solch üppige vier Zeilen eine größere Anstrengung sowohl vonseiten des Dichters als auch des Lesers, und in einem kreativen Umfeld, das für seine kurze Aufmerksamkeitsdauer bekannt ist, gibt es nur wenige, die zu dieser kleinen Anstrengung bereit wären.

Ohne sich radikal vom beliebten dreizeiligen Format zu verabschieden, ist es natürlich auch möglich, einen poetischen Zauberspruch durch Bild und Sprache zu schaffen. Dieses Haiku von Matthew Paul ist ein gutes Beispiel, wobei es evtl. einer Erklärung bedarf:

on a day the colour	an einem Tag mit der Farbe von
of rolling tobacco	Drehtabak
ragged robin	Kuckucks-Lichtnelke

Der Zugang zu diesem Haiku führt fast ausschließlich über die Visualisierung einer Kuckucks-Lichtnelke, oder zumindest über das Wissen, dass es eine Blume ist. Sie wächst auf Grünstreifen oder am Waldrand, ist höchstens kniehoch, und ihre hübsche rosa Blüte ist in dünne Streifen zäsiert – also ‚robin‘ (Rotkehlchen) wahrscheinlich wegen der Farbe und ‚ragged‘ (ausgefranst) wegen der Blütenform. Ein Kriterium des poetischen Zauberspruchs wäre der Gebrauch eines originellen anstelle eines althergebrachten Jahreszeitenworts und dieses Gedicht punktet hier sofort. Es gibt auch keine offensichtlichen Vorläufer für das Sprachbild – ich kenne kein andres Haiku, das den Tag mit ‚Drehtabak‘ vergleicht! Das ist natürlich eine Übertreibung, denn sogar der Smog früher in London dürfte wohl kaum so dunkel wie Tabak gewesen sein. Ich vermute, dass der Himmel gemeint ist, aber es könnte auch die Landschaft sein oder eine subjektive Stimmung. Dieses Dunkle scheint auf alle Fälle eine innere Stimmung hervorzurufen, vielleicht eine Niedergeschlagenheit, die so intensiv ist, dass sie fast genossen werden kann. Und dann wächst daraus als Ergänzung, Erfüllung oder Gegenkraft diese bescheidene Wegrandblume, zerbrechlich und hübsch. Origineller Gedanke, originelles Bild, und durch die Alliteration im Hintergrund entsteht eine angenehm musikalische Sprache. Wichtig ist auch, dass sich das Gedicht einer definitiven Interpretation entzieht. Meine eigenen Überlegungen über eine niedergeschlagene Stimmung könnten zum Beispiel weit entfernt sein von dem, was der Dichter im Sinn hatte. Es ist vor allem ein Gedicht für die Leser.

Ein Haiku kann noch flüssiger und mehrdeutiger wirken, wenn es in einer einzigen durchgehenden Zeile ohne Satzzeichen geschrieben ist. Mein Freund und Kollege Stuart Quine hat dieses Format auf den Seiten von *Presence* im Lauf der Jahre mit großer Wirkung eingesetzt. Der Einzeiler hat großes Potenzial, mit Klarheit etwas Unvermeidliches oder Unaussprechliches auszudrücken. Er kann Zweideutigkeit wie auch Direktheit verstärken und scheint toleranter mit Eindrücken umzugehen, die essenziell poetisch anstelle von prosaisch sind. Dabei wird das Haiku-Ideal einer bildbasierten Vereinfachung nicht geopfert. Hier sind vier einzeilige Haiku aus der Ausgabe 37, die ich besonders gelungen finde:

hatless the seeds of winter in the morning sky
    Duro Jaiye
ohne Hut die Wintersamen im Morgenhimmel

torn clouds the horse's black tail trailing
    Pamela Brown
Wolkenfetzen der schwarze Schwanz des Pferdes schleift nach

my sister skating here comes her yellow hat
    frances angela
meine Schwester auf Schlittschuhen hier kommt ihre gelbe Mütze

sharpening this night of stars distant dogs
    Stuart Quine
schärfend diese Sternennacht ferne Hunde

Was in jedem dieser Beispiele sofort auffällt, ist der treibende Rhythmus, der entscheidend dazu beiträgt, dass jedes dieser Fragmente in so etwas wie einen Zauberspruch oder eine magische Formel verwandelt wird. Außerdem fällt auf, dass dieser Rhythmus von Gedicht zu Gedicht sehr unterschiedlich ist, genau wie die Verwendung von Pausen und Betonungen. So kann keinerlei Rezept formuliert werden – jedenfalls nicht auf Basis dieser Beispiele. Hier gibt es keine Gemeinsamkeiten mit dem vorhersehbaren ‚Altweibersommer'-Haiku, das nun schon allzu bekannt erscheint. Mit Blick auf die Idee des Haiku als Zauberspruch sieht Stuart Quine eine Verbindung zur Dharani. Er meint, dass Mantras und Dharanis verschiedene Funktionen haben, obwohl sie strukturelle und rhythmische Ähnlichkeiten aufweisen. Ein Mantrum dient der Zentrierung und Beruhigung der Gedanken, wohingegen eine Dharani im Grunde genommen eine Art Beschwörungsformel ist. Es ist jedoch wichtig zu wissen, dass Dharanis keine Anrufungen von Buddhas und Bodhisattwas sind. Die Dharani ist vielmehr selbst die Manifestation des einzelnen angerufenen Buddhas oder Bodhisattwas. Die Dharani des Jizo Bosatsu ist die Verwirklichung von Jizo Bosatsu.

Bei einem Haiku-Zauberspruch ist es schwer zu sagen, wer oder was hier angerufen wird. Der Gedanke ist jedoch deshalb interessant, weil letztlich die Wirkung einer magischen Formel von der ganzen Art und Weise abhängt, wie er gesprochen wird: Form und Inhalt werden zu einem Ganzen und letzterer nimmt nicht unsere ganze Aufmerksamkeit in Anspruch. Für mich scheint eine Prosaversion von Duro Jaives Gedicht unmöglich, weil ich nicht mit Sicherheit sagen kann, was passiert oder was genau das Thema ist. Vermutlich ist es der Dichter, der keinen Hut auf dem Kopf hat, aber die flüssige Satzstruktur lässt den Leser dieses Adjektiv ebenso leicht den Samen zuordnen. Die Samen sind eventuell wirklich Samen einer spätblühenden Pflanze oder eines Baumes, oder vielleicht ist das die Art des Dichters die „Zeichen des Winters" auszudrücken, frühe Hinweise darauf oder so etwas Ähnliches. Obwohl ich „Winter" als Jahreszeitenwort verstand und das Haiku den Winterseiten von *Presence* zuordnete, könnte ich mich auch mit Interpretationen anfreunden, die das Gedicht jederzeit nach der Sommersonnenwende ansiedeln. Umgekehrt beeinflusst die zeitliche Einordnung wieder die Bedeutung von „ohne Hut" und die damit verbundenen Stimmungen. Diese Mehrdeutigkeit ist essenziell: Man kann das Haiku nicht festnageln, man kann es nicht reduzieren und man kann es nicht mit anderen Worten sagen. Die Form des Gedichts fügt mit seiner Autorität und Klarheit weitere Dimensionen an den reinen Informationswert des Inhalts.

Das Haiku von Pamela Brown scheint einfacher, bis man beginnt, es zu analysieren. Es wird durch eine Alliteration zusammengehalten, die das Klopfen der galoppierenden Hufe zu imitieren scheint. Der Binnenvergleich deutet an, dass der Schwanz des Pferdes struppig oder ausgefranst ist, und andersherum sind die Wolken, wenn nicht ganz schwarz, so doch dunkel, bedrohlich und von einem stürmischen Wind getrieben. Jegliche weitere Hinweise auf einen Hintergrund fehlen. Gibt es ein Feld? Gibt es einen Zaun, einen Reiter? Gibt es überhaupt ein echtes Pferd oder nur die Andeutung eines Pferdes in den abgerissenen Wolkenstücken? Wir haben die Wahl, können uns aber nie ganz sicher sein. Das Gedicht ist im Grunde genommen resistent gegen eine reduktionistische Interpretation.

Für das Haiku von Frances Angela hingegen scheint es eine lächerlich simple Erklärung zu geben. Das ist doch sicher nicht Dichtung – einfach nur zwei Prosasätze hintereinandergeschrieben: „Meine Schwester läuft Schlittschuh. Hier kommt ihre gelbe Mütze." Aber indem die beiden Sätze miteinander in einem kurzen Atemzug gesprochen werden, entsteht ein meisterhaftes „non-sequitur" – Haiku. Die Poesie der gelben Mütze liegt nicht in deren Relevanz, sondern Irrelevanz. R. H. Blyth rät in seinen Schriften immer wieder davon ab, Ursache und Wirkung im Haiku darzustellen. Durch das Erklären kann etwas auch totgeredet werden, und die Poesie entweicht langsam wie die Luft aus einem beschädigten Reifen. Hier gibt es keine Erklärung. Alles führt auf diese gelbe Mütze zu, als ob sie das Wichtigste in der Welt wäre. Im Hinblick auf die prosaische alltägliche Bedeutung hat die Mütze jedoch überhaupt keinen ersichtlichen Wert – außer dem, dass sie auf dem Kopf der Schwester sitzt und so ein entsprechendes Gefühl auslöst. Und sogar das ist eine Vermutung, da die Mütze ja auch gerade herunterfallen könnte. Sie ist wie ein Traumbild von übernatürlicher Bedeutung, und gerade diese unverhüllte Irrationalität trägt dazu bei, diese Zeilen zu einem Gedicht zu machen.

Stuart Quines Haiku zaubert eine vollkommen andere Szenerie hervor, und welch einen Beitrag leistet hier das erste Wort! Dass es gut passt, steht außer Frage, aber die sachliche Bedeutung entzieht sich uns. Ist es eine

Nacht mit „scharfem" Frost? Ist es deshalb kalt und unwirtlich und noch kälter und unwirtlicher vor dem Hintergrund bellender Hunde? Ja, vielleicht geht das in die richtige Richtung, aber das ist eigentlich nicht das, was das Gedicht meint. Es meint

sharpening this night of stars distant dogs

schärfend diese Sternennacht ferne Hunde

und das sind Anfang und Ende der individuellen Überlegungen jedes Lesers. Durch die Klarheit der verwendeten Bilder taucht ein Gefühl auf: ein kaltes, dunkles, scharfes, rohes Gefühl, das am entgegengesetzten Ende der Skala sentimentaler Thesen über gute Gedichte steht – es ist viel wacher, viel lebendiger:

sharpening this night of stars distant dogs

schärfend diese Sternennacht ferne Hunde

Man kann es nicht anders ausdrücken. Das meine ich mit poetischem Zauberspruch. Wörter, die klingen, Wörter, die einen Rhythmus haben, Wörter, die fließen. Und wenn man es einmal wirklich gehört hat, wird man es nie vergessen, weil Wörter Macht haben. Sie sind nicht tot und auf ein Blatt Papier gekritzelt, vielmehr werden sie wie eine magische Formel gesprochen – und sie werden nicht gelesen, sie werden gehört. Das ist das, was ich von einem Haiku verlange: etwas ganz Einfaches, etwas Außergewöhnliches, etwas Wesentliches, keine müde Aufzählung von Mustern, die so vertraut sind, dass die meisten von uns sie im Schlaf schreiben können. Nicht der Informationsgehalt zählt, sondern die Art und Weise, wie die Information geformt, gekocht und kombiniert wird. Poetische Zaubersprüche haben nichts zu sagen, sie selbst sind etwas, sie existieren als eigenständige Objekte, die eine Faszination ausüben. Sie können ins Licht gehalten und herumgedreht werden, und jede Facette wird aufleuchten. Sie selbst sind Anfang und Ende der individuellen Reflexion jeder Leserin, jedes Lesers.

Schlussnotiz: Die angefügte Liste beinhaltet die „Kampfpositionen" der von mir so bezeichneten Internationalen Formel und des Poetischen Zauberspruchs. Mit dem Hinweis darauf, dass ein einzelnes Gedicht nie alle Kennzeichen des einen oder anderen zeigt. Manche Haiku, die die Internationale Formel befolgen, können durchaus eine oder mehrere Charakteristika des Poetischen Zauberspruchs aufweisen und andersherum ebenso. Natürlich ist es auch möglich, dass ein Haiku, das sich eng an die Vorgaben der Internationalen Formel anlehnt, dennoch ein lebendiges und zufriedenstellendes Gedicht darstellt, während eines mit vielen Zauberspruch-Qualitäten doch irgendwie nicht diese rätselhafte Magie hat.

Dennoch kann die folgende Auflistung der verallgemeinerten gegensätzlichen Eigenschaften als Hilfe dienen.

Internationale Formel	Poetischer Zauberspruch
vertrautes/vorhersehbares Jahreszeitenwort, an vertrauter Stelle	originelles Jahreszeitenwort, an ungewöhnlicher Stelle
vertraute Wortstellung und Platzierung der Pause	originelle Wortstellung und Platzierung der Pause
keine signifikante Wortmusik/Musikalität in den Wörtern oder andere stilistische Mittel; vorhersehbarer Rhythmus.	signifikanter Beitrag durch die Musikalität der Wörter und andere Stilmittel – vor allem Rhythmus
im Kern rational – eine Prosafassung ist möglich	im Kern irrational – eine Prosafassung ist nicht möglich
kann rein mit Blick auf den Informationsgehalt gedeutet werden.	kann nicht ausschließlich mit Blick auf den Informationsgehalt gedeutet werden
in schriftlicher Formtradition, nicht leicht einprägsam	in mündlicher Formtradition, leicht einprägsam
linear/statisch	zirkulär/flüssig

klar	mehrdeutig
reduzierbar/beschreibend	expansiv/reflektierend
einfach	komplex
untermauert bestehende Sicherheit	ruft Unsicherheit hervor
Ziel: Akzeptanz	Ursprung: Integrität

*Martin Lucas (1962 – 2014) war von 1996 bis zu seinem Tod Herausgeber der von ihm gegründeten Haiku Zeitschrift ‚Presence' und von 2003 bis 2006 Präsident der Britischen Haiku Gesellschaft. Nach einem Bachelor in Englischer Literatur und einem Master in Religionswissenschaften verfasste er seine Doktorarbeit über Haiku („Haiku in Britain: Theory Practice, Context"). Neben eigenen Haiku und Artikeln veröffentlichte Lucas die kommentierte Anthologie „Stepping Stones", außerdem war er Mitherausgeber verschiedener englischsprachiger Anthologien.
Die Grundlage dieses leicht gekürzten Artikels war der Beitrag „Haiku as Poetic Spell", vorgetragen von Martin Lucas, zusammen mit Stuart Quine, bei der vierten Haiku Pacific Rim Konferenz. Erstveröffentlichung im Tagungsband (S. 3–8), Nachdruck in ‚Presence' (Ausgabe 41, Mai 2010). Übersetzung und Druck mit freundlicher Genehmigung von David Lucas.

Ihr Zögern
... im Gehen
in offener Tür

Haiga: Horst-Oliver Buchholz

Jürgen Gad

Zen, die Wabi-Sabi-Ästhetik und das Haiku
Teil 2

Haiku

Im ersten Teil des Essays wurden die charakteristischen Merkmale der Wabi-Sabi-Ästhetik anhand von zahlreichen Beispielen herausgearbeitet. Im zweiten Teil soll nun der Frage nachgegangen werden, inwieweit sich das Haiku in diese Ästhetik einbeziehen lässt.

Das Haiku, so wir es heute kennen, entstand historisch gesehen aus dem Kettengedicht (*renga*), das wiederum aus mehreren Einzelgedichten, die von mehreren Autoren stammten, zusammengesetzt war. Bereits in der ältesten erhaltenen Gedichtsanthologie Japans, dem Manyōshū (Sammlung der zehntausend Worte bzw. Blätter), das zwischen dem 5. Jahrhundert bis 759 entstand, sind bereits „Kurz-Renga" enthalten, wobei ein Dichter die Oberstrophe zu drei Sätzen mit 5-7-5 Silben bzw. *moren* und ein anderer die Unterstrophe aus zwei Sätzen zu 7-7 Silben eines Tanka verfasste.

(Bei der Übertragung der „japanischen Silben" (*moren*) ins Deutsche ist natürlich viel Interpretationsspielraum für die Übersetzung gegeben.)

Ein Beispiel dafür wäre etwa:

Wildgänse fliegen
über hohe Gipfel
ziehen Wolken

während der Mond versinkt
hinter Kiefern am Bergesrand

aus: Izutsu, T. & T. (1988)

Ab dem 12. Jahrhundert gab es auch „Lang-Renga", die bis zu 100 oder mehr Strophen umfassen konnten. Im japanischen Mittelalter war die Kettendichtung ein beliebter Zeitvertreib. Jedes Renga begann mit einer sogenannten Oberstrophe (bzw. *haikai no hokku*), gefolgt von der 7-7 Silben-Strophe, dann eine 5-7-5-Silben-Strophe usw.

Im Kettengedicht nahm der nachfolgende Dichter die jeweils vorherige Strophe als Ausgangspunkt, die er so ergänzte, dass jeder Teilnehmer einer Renga-Sitzung der Reihe nach eine Strophe dichtete.

Seit Beginn des 16. Jahrhunderts etablierte sich das *haikai no hokku*, das später von dem Dichter Shiki (1867–1902) einfach Haiku genannt wurde, als eigenständige Dichtform. Die Literaturgattung Haiku, so wie wir sie heute kennen, geht hauptsächlich auf den Dichter Matsuō Bashō (1644–1694) zurück und ist bis heute, nicht nur in Japan, sehr beliebt.

Bereits vor Bashō gab es viele Dichtkunst-Schulen, die sich dem Haiku widmeten, daher ist er historisch gesehen nur ein Vertreter der nach ihm benannten Bashō-Schule. Was die Haiku von Bashō auszeichnet, ist der Umstand, dass Bashō es verstand, die scherzhafte und wortspielerische Weise, mit deren Hilfe die *hokku* des Rengas erstellt wurden, zu überwinden. Er stellte die Haiku-Dichtkunst auf die Grundlage des Zen. Bei Bashō kann man zwei Phasen der Haiku-Dichtung erkennen, einer ersten, in der die Haiku noch einen spielerischen Charakter zeigten, und einer zweiten, in der die Haiku den Geist des Zen widerspiegelten.

Vergleichen wir nun im Folgenden die Charakteristika, die oben für die Wabi-Sabi-Ästhetik herausgearbeitet wurden, mit einigen Haiku von Bashō.

Zunächst fällt auf, dass die für die Wabi-Sabi-Ästhetik charakteristische Asymmetrie in der äußeren Form vorhanden ist, die allerdings dem Tanka des Kettengedichts geschuldet ist. Sowohl die Zahl der Silben (bzw. der japanischen Moren) als auch die der Zeilen ist ungerade und daher asymmetrisch.

Ein weiteres Charakteristikum ist die Hervorhebung des Vergänglichen (*mujō*) als Grundlage allen Seins und dadurch bedingt die ständige Gegenwart des Todes.

Kraken im Bottich:
Noch bescheint der Sommermond
euren flüchtigen Traum …
aus: Bashō, M. (1994)

Die Bottiche, die im Meerwasser liegen, werden von den Kraken während der Nacht als vermeintlicher Schutz aufgesucht, werden aber von den Fischern am Morgen mitsamt den Kraken an Land gezogen.

Ein weiteres Haiku zum Thema *mujō*, wobei sich der Helm auf eine Kopfbedeckung eines in der Schlacht gefallenen Samurai, bezieht.

> Grausames Schicksal:
> Unter jenem Helm sitzt nun
> eine Grille und zirpt …
>
> aus: Bashō, M. (1985)

Das folgende Haiku beschäftigt sich nicht nur mit *mujō*, sondern ist auch eine Anspielung auf die Ästhetik, die für Wabi-Sabi charakteristisch ist, und zwar die Geringschätzung des Prachtvollen und des Materiellen, da beides unbeständig und dem Werden und Vergehen unterworfen ist: Nach buddhistischer Vorstellung erscheint es daher sinnlos, danach zu streben.

> Sommergras …
> Von all den Ruhmesträumen
> die letzte Spur …
>
> aus: Bashō, M. (1985)

Die Lehre, die dieses Haiku vermittelt, ist, mit anderen Worten gesagt, dass Aufstieg und Größe nur die Vorstufen von Niedergang und Zerfall sind, denn alles, was eine äußere Form hat, ist dem Werden und Vergehen unterworfen. Das oben wiedergegebene Haiku ist eine poetische Umschreibung dieser unumstößlichen buddhistischen Lebensweisheit.

Folgendes Haiku spricht die Schönheit des Vergänglichen direkt an:

> Du mache Feuer, und ich
> will Dir etwas Schönes zeigen:
> einen Ball aus Schnee
>
> aus: Krusche, D. (1994)

Für den westlichen Leser nicht ersichtlich ist aber, dass der geschmolzene

34

Schneeball, der dann zu Wasser wird, im Japanischen eine Assoziation beinhaltet, die aus der deutschen Übersetzung nicht unmittelbar hervorgeht. Das japanische Wort für Wasser ist *mizu*, es hat noch zusätzlich eine ästhetische Bedeutung, nämlich Schönheit, so kann es z. B. in Kombination mit dem Wort für Mädchen, schönes Mädchen bedeuten. Tatsächlich ist, rein philosophisch-ästhetisch gesehen, in diesem Haiku noch ein anderes zenbuddhistisches „Grundelement" enthalten: *mu*, die zenbuddhistische „Leere" bzw. das „Nichts". Im zenbuddhistischen Zusammenhang bedeutet „Nichts" nicht nichts, also die Abwesenheit von „Etwas" (einem Ding), sondern kann mithilfe von Worten u. a. als die Potenz des Möglichen übersetzt werden. Wobei nach der zenbuddhistischen Wirklichkeitsvorstellung die vergänglichen Dinge der Welt aus dem *mu* hervortreten, für eine Weile existieren und wieder im *mu* verschwinden. Im Haiku wird dieses *mu* nie direkt angesprochen, sondern ergibt sich hier nur indirekt aus dem Kontext des Haiku. In diesem konkreten Beispiel trägt der Schneeball die Potenz des Möglichen in sich, zu Wasser zu werden, und damit sich in Schönheit zu verwandeln. Ein weiteres Charakteristikum der Wabi-Sabi-Ästhetik ist in diesem Haiku präsent, das im eingangs von Y. Kenkō erwähnten Zitat oder auch in den beiden zitierten *waka* wiedergegeben wurde. Das Schöne ist das nicht offensichtlich Zutagetretende, sondern das Verborgene, in diesem Beispiel die Potenz der Möglichkeit des Schneeballs, sich in Schönheit zu wandeln. Da in der Wabi-Sabi-Ästhetik das Schöne gleichzeitig das Wahre und das Wahre wiederum gleichbedeutend mit der lebenswirklichen Erkenntnis von *mu* ist, spielt dieses Haiku noch auf die im Zen zu verwirklichende Erkenntnis von *mu*, durch das Beschreiten des Zen-Wegs, an. Man könnte es auch so sagen: Auch der Schneeball muss „sterben", um sich in Schönheit (und damit Wahrheit) zu verwandeln, da er, wie alle anderen Dinge der Welt, dem Werden und Vergehen unterworfen ist. Er ist daher eine Metapher für die Einsicht, dass den Zen-Weg beschreiten bedeutet, die Welt und sich selbst als Prozess zu erkennen.

Eins der interessantesten Haiku von Bashō ergibt sich ebenfalls aus dem Zusammenhang mit der Wabi-Sabi-Ästhetik und damit mit Zen:

Stille …!
Tief bohrt sich in den Fels
das Sirren der Zikaden …

aus: Bashō, M. (1985)

Nach der üblichen reduktionistischen-dualistischen Wirklichkeitsvorstellung schließen sich das Sirren der Zikaden und die Stille gegenseitig aus. Nun ist es aber ein Charakteristikum von Zen, dass die dualistischen Gegensätze auf einer höheren Ebene, der Erfahrung von *mu*, z. B. in der Meditation, aufgehoben werden können.

Weilt das Bewusstsein im Zustand des *mu*, sind alle Begrifflichkeiten aufgehoben. Wird also das Sirren mithilfe von *mu-shin* wahrgenommen, dann existiert nur das Beobachtete bzw. Gehörte des gegenwärtigen Moments, die dualistischen Gegensätze sind hingegen das Produkt des diskriminierenden Denkens, das aber auf der Bewusstseinsebene des *mu-shin* nicht existent ist und es deswegen auch zu keinem Widerspruch kommen kann. Das Haiku ist somit eine Metapher für *mu-shin* bzw. für die Erkenntnis, die sich durch das Beschreiten des Zen-Wegs erleben lässt.

Ein weiteres Charakteristikum der Wabi-Sabi-Ästhetik ist die ästhetische Hervorhebung des Einfachen bzw. des Profanen. Sie äußert sich zunächst unmittelbar in jedem Haiku durch die äußerste Kürze der Wortwahl. Da im Zen das Profane gleichzeitig das Numinose ist, weil sich in jeder noch so einfachen Begebenheit bzw. in jedem Ding die nichtduale Wirklichkeit des Zen unmittelbar erleben lässt, schildert das Haiku gerade diese scheinbar unspektakulären Alltagsgegebenheiten.

Mithilfe des folgenden, berühmten „Frosch-Haiku" soll das Gesagte näher erläutert werden.

Der alte Teich
ein Frosch springt hinein –
das Geräusch des Wassers.

aus: Krusche, D. (1994)

Der heutige Leser wird sich fragen, was denn nun an diesem Haiku besonders ist? Es scheint sich doch nur um eine Schilderung einer banalen

Gegebenheit zu handeln.

Gerade dieses Haiku zeigt aber beispielhaft, dass die Haiku von Bashō mithilfe des Bewusstseinszustands von *mu-shin* zustande kamen.

Bashō war nicht nur Haiku-Dichter, sondern auch ein Theoretiker. Seine Theorien über die Dichtung wurden von seinen Schülern aufgeschrieben. In diesen Schriften betonte er immer wieder die Bedeutung von *mu-shin* für die Haiku-Dichtung.

So sagte er z. B.: „Über die Kiefer lerne von der Kiefer, über den Bambus lerne vom Bambus. … Befreie dich von deiner subjektiven Willkür." „Seine Geistesverfassung auf kontemplativer Höhe haltend, sollte der Dichter zum Profanen seiner Erfahrungswirklichkeit zurückkehren." „Tritt nicht in die Fußspuren der alten Meister, aber suche, was sie suchten." Diese Originalzitate sind eine Umschreibung von *mu-shin*. Die Entstehungsgeschichte des „Frosch-Haiku" mag dem Leser verdeutlichen, was unter *mu-shin* konkret zu verstehen ist. Bashō studierte schon in jungen Jahren das Zen, zur Vertiefung der Studien begab er sich 1681 in ein Zen-Kloster und der Zen-Meister Butchō wurde sein Lehrer. Bei einem Besuch Butchōs in Bashōs Garten ergab sich folgendes Gespräch, das zeigte, wie tief Bashō in das Wesen des Zen eingedrungen war. Butchō stellte ihm ein *kōan*, nämlich, wie sich die Buddha-Natur im grünen Moos in seinem Garten ergibt, bevor es zu wachsen anfing.

Bashō, der gerade einen Frosch bemerkte, der ins Wasser sprang, antwortete: „Ein Frosch, der gerade hineinspringt – des Wassers Platschen." Darauf folgte, nach einiger Diskussion mit anderen Teilnehmern des Gesprächs, das oben zitierte „Frosch-Haiku".

Die reine sinnliche Wahrnehmung, die später zum Haiku wurde, entstand als Antwort auf die Frage nach der Buddha-Natur, also dem Wesen des Zen. Bashō nahm die Szene mithilfe der oft geübten und daher in Fleisch und Blut übergegangenen meditativen Gewahrwerdung (*mu-shin*) in sich auf. An diesem konkreten Ort, zu dieser konkreten Zeit, ist tatsächlich zuerst „nur" der Sprung des Froschs, dessen konkrete Form in einem einzigen Moment verlischt, im Bewusstsein vorhanden, um dann, im nächsten Moment, in eine rein akustische Wahrnehmung überzugehen – keine intellektuelle Überlegung dazwischen. Das Wahrgenommene wird

„schlicht" in Worte gekleidet und dann in die Haiku-Form gebracht. Geschieht diese Wahrnehmung tatsächlich meditativ, dann ist dieses Ereignis dazu angetan, das gestellte *kōan* zu beantworten. Der Umschwung der visuellen Wahrnehmung in eine rein akustische Wahrnehmung bewirkt im Bewusstsein, wenn der Geist wirklich weit und offen ist (*mu-shin*), tatsächlich in jedem einzelnen aufeinanderfolgenden Moment eine neue, andere Welt – kein Fingerbreit dazwischen. Der Dichter erfährt sich selbst, in Abhängigkeit vom Wahrgenommenen, in jedem aufeinanderfolgenden Moment, neu. Im Haiku wird mithilfe des „Schneideworts" *kireji*, das im Deutschen mithilfe eines Gedankenstrichs wiedergegeben wird, die visuelle Wahrnehmung bewusst abgeschnitten, um auf den Wechsel in die darauf folgende rein akustische Wahrnehmung hinzuweisen. Das Haiku folgt damit dem allgemeinen Prinzip in der Wabi-Sabi-Ästhetik, der Handhabung des Kunstgriffs *kire*. Es hat etwas zutiefst Verblüffendes, wenn in einem Augenblick der Frosch verschwindet und dann nur noch als Ton wahrgenommen wird.

Diese Verblüffung bzw. Ergriffenheit ist das, was ein Mensch, der dies rein intellektuell verstehen will, nicht erkennen kann, da er die spezifische Erfahrung, die sich aus der meditativen Gewahrwerdung (*mu-shin*) ergibt, nicht kennt. Für ihn ist das Frosch-Haiku nur die Schilderung einer banalen Gegebenheit und er sucht daher womöglich eine philosophische Erklärung, die hinter dem Gesagten vermutet wird, um dem vermeintlich Trivialen einen Sinn beizufügen.

Für den erwachten Zen-Buddhisten ist es hingegen „wunderbares Sein", das nicht mithilfe des Intellekts, sondern nur durch Beschreiten des Zen-Wegs, also durch Übung von *mu-shin*, erkannt und erlebt werden kann.

Nach Bashōs Aussagen gibt es daher zwei Arten von Haiku, bei der einen Art „wird" ein Haiku, durch die Vermittlung von *mu-shin*, quasi von selbst, bei der anderen Art verfasst man ein Haiku, das Wahrgenommene wird hierdurch aber zu einer intellektuellen Interpretation der Wirklichkeit. Die intellektuelle Zwischenstufe des Nach-Denkens, die auf die eigentliche Wahrnehmung folgt, teilt aber die Wirklichkeit in Ich und Nicht-Ich, ist also, nach zenbuddhistischer Vorstellung, Illusion, die uns von der unteilbaren und daher holistischen Wirklichkeit trennt.

Das „Frosch-Haiku" ist darüber hinaus noch ein gutes Beispiel für die zenbuddhistische Erkenntnis, dass nichts, also auch kein Haiku, irgendetwas in sich selbst ist oder anders ausgedrückt, irgendeinen objektiv fassbaren Wesenskern hätte, sondern nur in Relation einen Sinn ergibt. Für den Einen ist es die Schilderung eines banalen Ereignisses, für den Anderen die Wiedergabe von „wunderbarem Sein".

Weiter oben wurde festgestellt, dass *mu-shin* die Grundlage aller Zen-Kunst bzw. der Wabi-Sabi-Ästhetik ist. Zusammen mit den genannten charakteristischen Merkmalen, die die Haiku von Bashō auszeichnen, kann die Haiku-Dichtkunst von Bashō völlig zwanglos in den Kanon der Wabi-Sabi-Ästhetik gestellt werden.

Damit der Leser überprüfen kann, inwieweit das oben Erläuterte verstanden wurde, möchte ich folgende Anekdote aus dem Rinzai Roku zitieren. Bei diesem Text handelt es sich um die von seinen Schülern zusammengetragenen Aussprüche und Handlungen von einem der berühmtesten Zen-Meister Chinas Lin-chi-I-hsüan (japanisch: Rinzai Gigen), der im 9. Jahrhundert gelebt hatte und u. a. für seine ruppige Unmittelbarkeit des Ausdrucks bekannt wurde.

„Vom Dharmasitz sagt Rinzai eines Tages: ,Über der platzraubenden Masse eures rötlichen Fleisches gibt es einen wahren Menschen ohne Rang und Namen. Er kommt und geht ständig durch die Tore eures Gesichts. Falls ihr ihm noch nicht begegnet seid, so packt ihn, packt ihn jetzt.' Ein Mönch tritt vor und fragt: ,Was für ein Gefährte ist dieser wahre Mensch?' Rinzai springt von seinem Sitz herunter, packt den Mönch und brüllt: ,Sag du es mir doch, rasch, sag es!' Der Mönch zögert. Rinzai lässt von ihm ab und bemerkt: ,Was für eine Klobürste dein wahrer Mensch ohne Rang und Namen doch ist.' Danach zieht der Meister sich in seine Unterkunft zurück."

Ausblick: Die Wabi-Sabi-Ästhetik zeigt durch ihre Beziehung zum Zen nicht nur erstaunliche Parallelen zur modernen westlichen Kunst, sondern auch zu neueren naturwissenschaftlichen Erkenntnissen über die Beschaffenheit der Wirklichkeit, die sich z. B. in der modernen Naturphilosophie wiederfinden, sowie zu zeitgenössischen, z. T. naturwissenschaftlich-experimentell gestützten, Vorstellungen über die Philosophie des Selbst bzw. des Bewusstseins. Da, wie wir nun gelernt haben, die Haiku nahtlos an die Wabi-Sabi-Ästhetik anschließen, gilt dies z. T. auch für die Haiku-Dichtkunst. Festzustellen bleibt, dass dies aber nur für Haiku gilt, die im hier geschilderten Bashō-Stil, also mithilfe von *mu-shin*, erstellt wurden, nicht für die Haiku-Dichtung als Ganzes. Diese Beziehungen darzustellen, soll aber Aufgabe eines zweiten, noch zu veröffentlichenden, Essays sein, das aufzeigt, dass moderne Naturwissenschaft und Ästhetik bzw. Kunst sich viel näher stehen als gemeinhin angenommen.

Schriften:
- Bashō, M. 1985: Auf schmalen Pfaden durch Hinterland. Hrsg. u. übers. v. G. S. Dombrady (Dieterich'sche Verlagsbuchhandlung) Mainz.
- 1994: Sarumino – Das Affenmäntelchen. Hrsg. u. übers. v. G. S. Dombrady (Dieterich'sche Verlagsbuchhandlung) Mainz.
- Hara, K. 2012: Weiss. Übers. A. Brockmann (Lars Müller Publisher) Zürich.
- Hisamatsu, S. 199): Philosophie des Erwachens – Satori und Atheismus. Hrsg. v. H. Elbrecht (Theseus) München.
- 1999: Die fülle des nichts – vom wesen des zen. Übers. v. T. Hirata u. J. Fischer (Günther Neske Verlag) Pfullingen.
- Hume, N. G. [Hrsg.] 1995: Japanese Aesthetics and Culture. (State University Press) New-York.
- Izutsu, T. & T. 1988: Die Theorie des Schönen in Japan – Beiträge zur klassischen japanischen Ästhetik. Hrsg. und übers. v. F. Ehmcke (DuMont) Köln.
- Izutsu, T. 2006: Bewusstsein und Wesen. Übers. v. H. P. Liederbach (Iudicium) München.
- Kenkō, Y. 2003: Betrachtungen aus der Stille – Tsurezuregusa. Hrsg. u. übers. v. O. Benl (Insel) Frankfurt a. M..
- Koren, L. 2004: Wabi-Sabi – für Künstler, Architekten und Designer. (Wasmuth) Tübingen.
- 2015: Wabi-Sabi – Woher? Wohin? - Weiterführende Gedanken – für Künstler, Architekten und Designer, (Wasmuth) Tübingen, Berlin.
- Krusche, D. 1994: Haiku – Japanische Gedichte. (dtv) München.
- Ōhashi, Ryōsuke 1994: Kire – Das >Schöne< in Japan – Philosophisch-ästhetische Reflexionen zu Geschichte und Moderne. Übers. v. R. Elberfeld (DuMont) Köln.
- 2011: Naturästhetik interkulturell. Hrsg. v. R. Schmidt-Grépály (Verlag Bauhaus-Universität) Weimar.
- Seubold, G. & T. Schmaus [Hrsg.] (2011): Ästhetik des Zen-Buddhismus. (DenkMal) Bonn. Ulenbrook, J. 2010: Haiku – Japanische Dreizeiler.- (Reclam) Stuttgart.
- Wolff, V. 2015: Die Rache des Materials – Eine andere Geschichte des Japonismus. (diaphanes) Zürich-Berlin.
- Yūzen, Sōtetsu [Hrsg.] 1990: Das Zen von Meister Rinzai.- (Kristkeitz) Leimen.

Lesertexte

Bei allen Lesertexten (inklusive Haiga) bitte keine Simultaneinsendungen.

Ausgezeichnet
Zusammengestellt von Horst-Oliver Buchholz

Der Abdruck erfolgt mit freundlicher Genehmigung der Autoren, von denen auch die Übersetzungen sind, sofern nicht anders vermerkt.

In der **25. Ausgabe des Indian Kukai der IN Haiku group** hat Eleonore Nickolay unter 62 Teilnehmern den zweiten Platz erreicht. Thema des Kukai war: Freedom (Freiheit).

lake in the last light gently the old fisherman throws back the young trout	See im letzten Licht sacht wirft der alte Fischer die junge Forelle zurück

       Eleonore Nickolay

NHK World Japan

In der **NHK World Japan „Haiku Masters of the Month"**, August, ist DHG-Mitglied Shawn Mödl in der englischsprachigen Galerie mit einem Foto-Haiku vertreten.

Birthday cake on the
patio table—wasps start
the party early
    Shawn Mödl

Auf dem Verandatisch
Geburtstagskuchen – Wespen feiern
eine frühe Party
   (Übersetzung: Horst-Oliver Buchholz)

Ebenfalls in der **NHK World Japan** in **„Haiku Master of the Month"** **Oktober** – Thema: clouds (Wolken), belegte ein Haiku von Claudia Brefeld den zweiten Platz (runner's up):

winter morning …　　　　　　Wintermorgen …
in front of the soup kitchen　　vor der Suppenküche
clouds of breath　　　　　　　Atemwolken

    Claudia Brefeld

Haiga: Gabriele Hartmann

Die Haiku- und Tanka-Auswahl Dezember 2018

Es wurden insgesamt 226 Haiku von 82 Autoren und 38 Tanka von 26 Autoren für diese Auswahl eingereicht.

Einsendeschluss war der 15. Oktober 2018. Diese Texte wurden vor Beginn der Auswahl von mir anonymisiert.

Jedes Mitglied der DHG hat die Möglichkeit, eine Einsendung zu benennen, die bei Nichtberücksichtigung durch die Jury auf einer eigenen Mitgliederseite veröffentlicht werden soll.

Eingereicht werden können nur bisher unveröffentlichte Texte (gilt auch für Veröffentlichungen in Blogs, Foren, sozialen Medien und Werkstätten etc.). Bitte keine Simultan-Einsendungen!

Bitte vorzugsweise die Haiku/Tanka in das Online-Formular auf der DHG- Webseite selbst eintragen:
deutschehaikugesellschaft.de/haiku-und-tanka-die-auswahl/
Ansonsten per Mail an: **auswahlen@deutschehaikugesellschaft.de**

Der nächste Einsendeschluss
für die Haiku/Tanka-Auswahl
ist der 15. Januar 2019.

Jeder Teilnehmer kann bis zu fünf Texte – davon drei Haiku – einreichen. Mit der Einsendung gibt der Autor das Einverständnis für eine mögliche Veröffentlichung in der Agenda 2020 der DHG sowie auf http://www.zugetextet.com/.

Haiku-Auswahl der HTA

Die Jury bestand aus Valeria Barouch, Gerd Börner und Angelika Holweger. Die Mitglieder der Auswahlgruppe reichten keine eigenen Texte ein.

Alle ausgewählten Texte – 32 Haiku – werden in alphabetischer Reihenfolge der Autorennamen veröffentlicht. Es werden bis zu max. zwei Haiku pro Autor aufgenommen.

„Ein Haiku, das mich besonders anspricht" – unter diesem Motto besteht für jedes Jurymitglied die Möglichkeit, bis zu drei Texte auszusuchen (noch anonymisiert), hier vorzustellen und zu kommentieren.

Da die Jury sich aus wechselnden Teilnehmern zusammensetzen soll, möchte ich an dieser Stelle ganz herzlich alle interessierten DHG-Mitglieder einladen, als Jurymitglied bei kommenden Auswahl-Runden mitzuwirken.

Eleonore Nickolay

Ein Haiku, das mich besonders anspricht

Komm, schwarzer Käfer,
wandern wir ohne Gefahr
auf Morgenpfaden!
Thomas Berger

Dieses Haiku hat eine Note, die wir von Issa her kennen, welcher mit allem, was da kreucht und fleucht, sprach. Mir gefällt vor allem das Bild „auf Morgenpfaden". Es setzt die Stimmung, die wir unschwer mit Gefahrenlosigkeit verbinden können. Vor meinem inneren Auge entstehen Felder, über denen sich die Sonne langsam erhebt, während die Welt rundherum für das Tageswerk noch nicht ganz gerüstet ist. „Morgenstund hat Gold im Mund", heißt es so schön, was bedeuten soll, dass man frühmorgens besonders gut arbeiten kann. Doch die frühe Stunde kleidet vor allem auch die Natur in ein besonderes Licht, und wer abseits vom Verkehr auf einsamen Pfaden wandert, offen für die Schönheit, die ihn umgibt, dem kann es schon passieren, dass er seine Gedanken laut mit Fauna und Flora teilt.

Ein stimmungsvoller, liebenswerter Text.

Ausgesucht und kommentiert von Valeria Barouch

„Vergelt's Gott"
die alte Frau beschenkt mich
für ein Lächeln
Erika Uhlmann

Beim flüchtigen Lesen ist man versucht zu denken, dass es sich in der dritten Zeile um einen Fehler handelt. Sollte es nicht „mit einem Lächeln" heißen? Beschenkt zu werden für ein Lächeln tönt etwas unrealistisch. Womit wird die Autorin beschenkt? Ist es das herzliche „Vergelt's Gott", das als Geschenk empfunden wird, oder war der Dank von einer Gabe begleitet? Die Natur des Geschenkten ist nebensächlich, wichtig scheint mir nur der Umstand.

Beim Lesen musste ich unwillkürlich an eine Begegnung in einem Park denken, wo mir eine Frau so herzlich für ein paar Worte dankte, die ich mit ihr gewechselt hatte, dass ich ganz verdutzt und nachdenklich zurückblieb. Menschen, die für etwas so Selbstverständliches wie ein Lächeln oder ein paar Worte ihre Dankbarkeit bekunden, scheinen mir bezeichnend für die Kontaktarmut unserer Gesellschaft. Unsere Kommunikationsmittel werden immer schneller, zahlreicher und raffinierter, was leider nicht automatisch zu einer besseren Verständigung mit unserem Umfeld führt.

Ausgesucht und kommentiert von Valeria Barouch

Morgensonne –
ich gehe durch den
Schatten eines Zauns
Angelica Seithe

Nach der Beobachtung eines konkreten Augenblicks auf dem Weg zur Arbeitsstätte folgt im Nachhall die Ebene des Ungesagten: Mit der Morgensonne beginnt der Tag, ein Tag voller Hoffnung und Erwartungen. Jemand geht an einem Zaun am benachbarten Garten entlang zum Bus. Die noch tief stehende Sonne wirft Schatten der Zaunlatten auf den Weg zur Arbeit. Die Gedanken kreisen um die Erlebnisse der letzten Woche. Sie erinnert sich lächelnd an schöne Stunden, aber auch an die Auseinandersetzungen und die kleinen Ärgernisse in der Firma. Sehr schnell hat sie das Schattenspiel durchschritten und steht nun im wärmenden Sonnenlicht an der Haltestelle, hat den Kopf wieder frei für die Aufgaben, die vor ihr liegen. Ein wunderbarer Text, der definitionsgemäß erst im Nachhall zum Haiku wird.

Ausgesucht und kommentiert von Gerd Börner

Grabbesuch
die Blumen
des anderen
Horst-Oliver Buchholz

Nur fünf Worte bzw. zehn Silben reichen aus, um dieses brisante Thema zu fassen.

Grabbesuch: Ist es ein frisches Grab, das geschmückt wird oder doch nur die alljährliche Pflicht an Allerheiligen, am Jahrestag oder Totensonntag?

Die Blumen des anderen: Wer ist dieser andere? Vermutlich der Freund oder Liebhaber einer hier nicht benannten Frau. Das wäre die klassische Variante. Es könnte sich natürlich auch um Männer handeln. Woher aber die Gewissheit, dass die Blumen vom anderen sind? Ist eine Trauerschleife angeheftet, die den Geber preisgibt? Das wäre mutig und zugleich eine große Provokation. Was überwiegt nun: Trauer, Eifersucht oder vielleicht sogar Wut, wenn man „die Blumen des anderen" erblickt? Ich weiß es nicht und werde es nie erfahren. So ist in diesen wenigen Worten, gekonnt auf drei Zeilen aufgeteilt, für mich eine unlösbare Spannung zu spüren.

Das Haiku lässt viele Gedankengänge offen, bietet Raum für eigene Bilder und Assoziationen. Diese Mehrschichtigkeit ist es, die mich an diesem Haiku anspricht. Nicht zu vergessen auch der Klang der Vokale a und u.

Ausgesucht und kommentiert von Angelika Holweger

Feldidylle
wo sonst der Bussard kreist
eine Drohne

Petra Klingl

Wann ich das Wort „Feldidylle" lese, eröffnet sich mir eine ganze Band-
breite von Naturschönheiten. Der Bussard, ein Raubvogel, will da nicht so
richtig dazu passen. Und doch gehört er zum natürlichen Kreislauf von
Leben und Tod. Nun erscheint aber in der dritten Zeile „eine Drohne",
dieses hoch technisierte Fluggerät, das der „Feldidylle" einen gewissen
zynischen Klang verleiht. Drohnen zum Fotografieren, zum Transport
direkt an die Haustür, zur Überwachung, zum Bestäuben der Blüten usw.
Wohin wird diese Entwicklung führen? Diese Frage lese ich zwischen den
Zeilen dieses Haiku. Noch kreisen Bussarde, noch singen die Vögel. Aber
sie werden immer weniger aufgrund von Futtermangel und Pestiziden.
Und im Frühling summen vielleicht irgendwann keine Bienen mehr, dafür
aber den Insekten nachgebildete Drohnen. Spielt mir meine Fantasie hier
einen Streich? Nein, denn in Japan und Amerika, z. B. an der Havard Uni-
versity, arbeiten Wissenschaftler bereits mit Eifer daran. Versuche zur
Bestäubung von Lilien sollen schon gelungen sein. Zwischen den Zeilen
dieses für mich sehr gelungenen Haiku eröffnen sich solche Horrorvi-
sionen.

Ausgesucht und kommentiert von Angelika Holweger

Die Auswahl

glimmende Asche
er bringt seinen Ehering
ins Pfandhaus

Christa Beau

Komm, schwarzer Käfer,
wandern wir ohne Gefahr
auf Morgenpfaden!

Thomas Berger

Grabbesuch
die Blumen
des anderen

Horst-Oliver Buchholz

auf dem Weg zu den Rosen
gestolpert
über den Buddha im Gras

Bernadette Duncan

Der Tag
durch den Abendregen
entstaubt

Wolfgang Gründer

brausender Wind
eine Stimme, die Ruhe
gebietet

Gabriele Hartmann

Schlaganfall
nach zwanzig Jahren
das Du

Birgit Heid

Petunienrot
wieder Frauengelächter
vom Balkon des Witwers

Christa Beau

Tango Nuevo
langsam umkreisen uns
zwei Geigen

Christof Blumentrath

Blutmond
wir diskutieren
über Aberglauben

Hildegard Dohrendorf

auf meinen Lidern
das Licht, acht Minuten alt
ich halte es fest

Stefan Einhaus

Herbstregen –
auf der Bank im Hain
Moosduft

Claus Hansson

Abendsonne
wir nähern uns
der roten Linie

Gabriele Hartmann

Sommerbrise
der Zyklus von Leben & Tod
unter ihrem Rock

Xaver Helix

Perseidenschauer
unser Wunsch nach Ewigkeit
wächst
Anke Holtz

Nach der Entlassung
Das Gewicht des Schlüsselbunds
so viel leichter
Deborah Karl-Brandt

Spiegelbilder
der Wind nimmt sich
die Schwäne
Petra Klingl

Marathonlauf –
ein Mädchen am Straßenrand
zupft Blütenblätter
Eva Limbach

vor dem Staatstheater
die Pirouetten
der Platanenblätter
Ruth Karoline Mieger

Treibholz
wir halten uns
an den Händen
Eleonore Nickolay

spinnennetze –
wozu noch reden
vom offenen ende
Birgit Schaldach-Helmlechner

Schneeflocken
auf meiner Hand
ihr Flüstern
Ilse Jacobson

Feldidylle
wo sonst der Bussard kreist
eine Drohne
Petra Klingl

laue Luft
eine Lerche verschwindet
in ihrem Lied
Gérard Krebs

Matcha Tee –
klopfe den Staub aus meinem
Meditationskissen
Eva Limbach

Sommerende
Muscheln
in ihrer Urne
Eleonore Nickolay

Lavafeld
wie lang wirkt der Zauber
der gestrigen Glut
Sebastian Salie

Abendbrise –
am Telegrafenmast
Altweiberfäden
Angelica Seithe

Morgensonne –
ich gehe durch den
Schatten eines Zauns
Angelica Seithe

„Vergelt's Gott"
die alte Frau beschenkt mich
für ein Lächeln
Erika Uhlmann

Regenwetter
ich hole meine Fotos
aus der Wolke
Friedrich Winzer

nach dem Begräbnis
Leere, die sich füllt
mit Leere
Klaus-Dieter Wirth

Tanka-Auswahl der HTA

Tony Böhle und Silvia Kempen wählten vier Tanka aus.
„Ein Tanka, das mich besonders anspricht" – unter diesem Motto werden
Texte vorgestellt und kommentiert.

Ein Tanka, das mich besonders anspricht

Stürmische Nacht.
Am Tisch
im Schein der Leselampe
ein Reisender
durch Welten aus Worten.
Reinhard Dellbrügge

Der Herbst naht mit unaufhaltsamen Schritten heran. Auch wenn es die
Temperaturen noch nicht wirklich vermuten lassen, bleibt er den Augen
nicht verborgen. Die Bäume werden wieder bunt und der Wind trägt das
farbenreiche Blattwerk durch alle Straßen. Und wo man vor ein paar Wo-
chen den Heimweg noch im Hellen zurücklegen konnte, benötigt man
nun schon wieder die Unterstützung der Straßenbeleuchtung.

Wahrscheinlich an einen solchen Tag – oder besser gesagt in eine sol-
che Nacht – versetzt uns das obenstehende Tanka. Auch wenn Stürme

natürlich nicht nur im Herbst auftreten, sind es doch besonders die stürmischen Nächte dieser Jahreszeit, die mit ihrem heulenden Wind, dem raschelnden Laub und dem nasskalten Wind besonders starke Assoziationen wecken. Ja, man kann hier und da in den „sch"-Lauten („stürmische", „Tisch" und „Schein") sogar das Wehen des Winds um die Hausecken und sein Rascheln im Laub vernehmen.

Doch was treibt den Leser dazu, sich so spät noch am Tisch im Schein der Leselampe an einem Buch aufzuhalten? Aus dem Kontext selbst lässt sich nur mutmaßen, was die Gründe dafür sein könnten, genauso, was den Inhalt des Buches (oder gar der Bücher?) betrifft. Der nächtliche Tisch ist allem Anschein nach zunächst ein Ort, an dem der Leser – der hier als „Reisender" bezeichnet wird – ungestört die „Welten aus Worten" erkunden kann. Gäbe es sonst einen Grund dafür, nur eine kleine Leselampe einzuschalten, statt den ganzen Raum zu erleuchten, wenn noch ein anderer da wäre? Vielleicht ist der Lesestoff aber auch so interessant, dass sich unser Protagonist nicht davon lösen konnte und vom Partner kurzerhand aus dem Schlafzimmer zum Lesen ins Exil geschickt wurde.

Immerhin wird der Protagonist dann wohl doch vermisst und beobachtet, ohne es selbst zu bemerken, vielleicht auch, ohne sich dafür zu interessieren. Der Text ist aus der Perspektive einer zweiten Person verfasst, berichtet aber nichts von einem Aufschauen oder der Heimkehr aus dem Lesestoff. Auch wenn das Tanka an dieser Stelle abbricht, möchte man fast noch ein „Schatz, komm doch endlich ins Bett!" im Nachklang hören.

Gestalterisch zeigt das Tanka einiges Können, wie die Anlage in der sog. Zoom-Technik belegt. Dabei bewegt sich der Text Zeile um Zeile von einem großen Bildausschnitt zu immer kleineren Details. So beleuchtet die erste Zeile Zeit und äußeren Umstand des Geschehens („Stürmische Nacht"), um in den nächsten beiden Zeilen den genauen Ort („Tisch") und schließlich den noch kleineren Lichtkegel der Lampe zu zeigen. Die Zeilen vier und fünf schließlich fokussieren dann eine Person im Licht und ihr Lesen. Besonders pointiert dabei ist, dass dieses Zoomen zwar schließlich im kleinsten Bildausschnitt gipfelt, dieser aber paradoxerweise selbst nicht nur eine Welt, sondern gleich mehrere „Welten" – wenn auch nur „aus Worten" – groß ist! Damit wird gleichzeitig eine gewisse

Entkopplung zwischen der Außenwelt des Sturms und der Innenwelt des reisenden Lesers veranschaulicht.

Ausgesucht und kommentiert von Tony Böhle

Schritt für Schritt
mein Weg
durch die Vollmondnacht …
Schatten um Schatten
bleiben zurück

Horst-Oliver Buchholz

Stürmische Nacht.
Am Tisch
im Schein der Leselampe
ein Reisender
durch Welten aus Worten.

Reinhard Dellbrügge

Last und Sorge
ein Jahr dahin – wie schön
bunte Blätter tanzen
Kraniche am blauen Himmel
„werde ich euch wiedersehen"

Ute Kassebaum

Plastikmüll
eingewachsen im Gras
Stück für Stück
die Kinder bestaunen
die Farben im Herbst

Henriette Tomasi

Haiga: Volker Friebel

Mitgliederseite

Jedes Mitglied der DHG hat die Möglichkeit, eine Einsendung zu benennen, die bei Nichtberücksichtigung durch die Jury der Haiku- und Tanka-Auswahl auf dieser Mitgliederseite veröffentlicht werden soll.

wilder Wein
ein roter Mantel schmiegt sich
um kahle Bögen

Ellen Althaus-Rojas

nach schneckenliebe
getrennte
schlafzimmer

Sylvia Bacher

raschelnd fallen
reichlich Eicheln – viel Vergnügen
beim Basteln

Karin Baumgarten

Den Gipfel erreicht
auf schneebedeckten Pfaden –
von Stille umarmt.

Thomas Berger

der Sommer geht …
in den Bäumen
Frucht und Fülle

Horst-Oliver Buchholz

O Moment, ganz aus
Seide, Zeit hält Atem an …
Ob so Sterben geht?

Markus Fenner

Den Tag lang gestrickt
An Herbstes Spinnenfäden
Ein Sonnstrahl im Netz

Peter-Michael Fritsch

Erinnerungen
Das Flattern des Sonnenschirms
überm Liegestuhl

Hans-Jürgen Göhrung

beim großen Zeh
das Loch im Strumpf
kein Traum

Gregor Graf

Langsam fallen
auf die bunten Gräber
Eicheln nieder

Karola Groch

Können wir …
die Furcht vor der Antwort
erstickt die Frage

Wolfgang Gründer

Er kriegt die Kurve
im Fahrtwind der
verklingende Bass

Taiki Haijin

Erbsen und Asche
wir verlieren uns
im Regelwerk

Gabriele Hartmann

Zyklonzertrümmert
der Kakibaum. Ausruhen
in einem Teehaus.

Saskia Ishikawa-Franke

Das Blut der Bäume
Unter den Füßen
Schreiten wir schneller voran

Annelie Kelch

bewegte See
wir tauchen ein in die Klangspur
der blauen Stunde

Ramona Linke

Den Fels hinunter
purzelt lautlos das Mondlicht
der Wald schläft weiter

Mara Rei

gelber löwenzahn
auf saftig grüner wiese
bald pusteblume

Ann Schadt

flackerndes nordlicht
fuchs durch den schnee –
so nahmen wir abschied

Theo Schmich

sie zögerte
zwischen blick und hand –
wie der zeichner

Bernhard Haupeltshofer

Tisch-Harfe
wartet auf die Zeit mit mir
Träumen erst danach

Ute Kassebaum

Lila und Orange
Falläpfel in einem Bett
aus Herbstzeitlosen

Reinhard Lehmitz

Heit'res Sonnenspiel
im Kristall der rote Wein –
des Lysios' Glück.

Erich Meyer

Wolkenlücke
ein Sonnenstrahl fällt
dem Berg auf den Kopf

Sebastian Salie

rosenblatt im beet
rollt sich zusammen zur wehr
winter berührt kalt

Elisabeth Sofia Schlief

der Wind trocknet
das rote Sommerkleid
schwebt an der Leine

Evelin Schmidt

Auf dem Weihnachtsmarkt
leuchten Platanen
Regenlametta
   Maren Schönfeld

geliebte Sprache
sie kann auch im fremden Vers
„Zuhause" sagen
   Hildegund Sell

Grüne Bergwiese,
ein junges Paar tollt herum.
Die erste Liebe.
   Gerhard A. Spiller

Wildschweinspuren
Waldboden aufgewühlt
Pilze wachsen dort
   Antje Steffen

sonnig und windig –
nicht müde zu schauen
herbstliche Blätter
   Ingrid Töbermann

Die uralte Stadt
hört die Klänge der Orgel
seit Jahrhunderten.
   Sandra Werning

an der Riviera
zum fünfzigsten Hochzeitstag
sehr steinig der Sand
   Helga Schulz Blank

Unbewegt
Eschen auf einer Lichtung
Plötzlich ein Windstoß
   Sulamith Sommerfeld

platz des dialogs
— schweigen
mit dem eisvogel
   Helga Stania

Unter himmlischem
Schutz das Flüchtlingskind in
der Krippe mit Stroh
   Angela Hilde Timm

bis zum Jahresende
musst du dich entscheiden
Familienrat
   Erika Uhlmann

summe im nebel
das leuchtende weiß
der stufen am strand
   Keri Will

Haibun

Birgit Heid

Wir besuchen das Trakl-Haus, und unsere Blicke gleiten über die feinen Möbel, die Bilder und die Handschriften jenes unglücklichen Dichters. Immer wieder sein Augenaufschlag, dem ich nachspüre. Seine dunkle Bildsprache. Wir lesen die Verse über die Schwesterliebe, den Verfall und den Krieg. Aber auch das heitere Gedicht über den Mirabellpark. In der Galerie hängen Quadrate mit Füßen.

Gewitterabend
ein Aufschrei meiner
Gedanken

Bernadette Duncan

Wohlan denn, Herz

Um elf Uhr abends vermögen weder Mond noch Straßenlaternen den Marktplatz ins Leben zurückzuholen. Pünktlich um fünf nach geht das gusseiserne Tor neben der Apotheke auf und mit ihren Rollatoren betreten sie das Kopfsteinpflaster.
Er klapperdürr, sodass das Gestell vor ihm fast als mollig bezeichnet werden könnte, sie mit Pelz, Hut und dem leichten, aber sicheren Schritt einer lateinischen Konjugation, immer einen halben Meter vor ihrem Begleiter. Bevor beide in der Dunkelheit der Arkaden verschwinden, eine Pause, ein Aufrichten, ein Blick zurück.

Flussmündung
schwäne treiben
in den himmel

Helga Stania

Himmelwärts

im felssturzgebiet die schieferplatten zu treppen geschichtet, schwarz,
sonnengewärmt. aus spalten ragen niedrige farne und sedumgewächse.

stufe um stufe
schwankende töne
der erinnerung

später dann den blick weiten auf wirbelndes laub und abschüssige matten.
die pass-straße ist schon gesperrt; bald wird schnee stille übers land legen.

die seiten
meines tagebuchs
     l e e r

Angelika Holweger

Kult

Immer wieder streicht das Mädchen Creme auf ihr Tatoo, das fast den
ganzen rechten Unterarm bedeckt. Jenes Bild zeigt ein doppeltes Gesicht,
lachend oder traurig, je nachdem, von welcher Seite aus man es betrachtet.
Die schmerzhafte Verschönerung habe nur 400 Euro gekostet. Mit diesen
Worten himmelt sie ihren neuen Freund an. Auch er trägt auffällige Kör-
perzeichnungen.

17 Jahr
mein blondes Haar damals
gebändigt im Dutt

Thomas Berger

EIN ORT DES LÄCHELNS

Eine Mango, ein Reisbällchen und Erkältungsmittel – das genügte, um Shiho Tanaka, der Neunundsiebzigjährigen, endlich wieder ein Gefühl von Sicherheit zu verschaffen. Die seit vielen Jahren allein lebende Frau fristete ihr Dasein mit einer kleinen Rente. Ihr Mann, der vor neunzehn Jahren gestorben war, hatte sie schlecht behandelt, obgleich sie sich stets in die von der japanischen Gesellschaft erwartete unterwürfige und dienende Rolle gefügt hatte. Kinder hatte sie, gewiss, sogar drei, aber diese hatten das Dorf längst verlassen und arbeiteten in Nagoya, dem viertgrößten Industriezentrum des Landes. An einen Besuch der Söhne bei ihr konnte sie sich nicht erinnern.

Schwer lastete die Einsamkeit auf ihr. Doch die Lage war nicht hoffnungslos. Sie brauchte nur in den Laden zu schlurfen und zuzugreifen. Eine Mango, ein Reisbällchen und Erkältungsmittel verschwanden in ihrem Mantel. Sie wusste aus Erfahrung, welch angenehme Folgen dies mit sich brachte.

Der Weckruf hallte durch die Flure. Die Insassinnen standen auf, wuschen sich und zogen die beigefarbenen Pyjamas an. Bedienstete schoben eine Schale Reis, Miso-Suppe und Tee durch die Zellenschlitze. Das warme Getränk tat Shiho Tanaka gut; denn in Tochigi, dem größten Frauengefängnis Japans, wurde nicht geheizt. Sie freute sich, nach dem Frühstück in die Fabrik gehen zu können. Dort war sie mit anderen zusammen. Unter der Aufsicht einer Vollzugsbeamtin mussten die überwiegend alten Häftlinge Blätter von Papierstapeln zählen. Das war natürlich eine ziemlich sinnlose Aufgabe. Doch das machte ihr nichts aus. Ihr war wichtig, dass sie, anders als in ihrem beinahe entvölkerten Dorf, eine gewisse Aufmerksamkeit erfuhr und sie in einer Gemeinschaft lebte – so hart und karg die Verhältnisse auch waren.

Am Nachmittag würde sie in der Sporthalle Federball spielen, was ihr trotz mancher Gebrechen, die sie plagten, immer Vergnügen bereitete.

Manchmal lag sie abends lange wach auf dem Eisenbett. Dann musste sie daran denken, dass ihre Strafe bedauerlicherweise bald abgelaufen war. Es war bereits das dritte Mal, dass sie in Tochigi einsaß. Sie hatte der Direktorin versprochen, nicht mehr wiederzukommen. Das wollte sie auch diesmal tun. Aber genauso fest stand für sie, dass sie auf keinen Fall einsam und unbemerkt sterben wollte wie so viele Japanerinnen im hohen Alter. Abgekapselt hatte sie lange genug gelebt. Und ihre Kinder, die sich wohl ihrer schämten, würde sie vermutlich nie mehr wiedersehen. Nein, die letzte Lebensphase sollte angenehm für sie sein. An heimischer Stätte würde sie den Tod erwarten. Es muss ja keine Mango, kein Reisbällchen und kein Erkältungsmittel sein, lächelte sie.

im Klang der Glocke
das Lied der Sehnsucht
sie packt den Koffer

Hartmut Fillhardt

Keigo[1]

Es ist dieser hektische Sommer, bevor die zwei Türme zusammengestürzt wurden.
Die Losung des neuen Millenniums heißt „Tempo, Tempo, Tempo!", und meine Aufgabe als Prozessberater bei einem deutschen Logistiker besteht darin, eine „ineffektive" Software-Test-Abteilung „auf Vordermann" zu bringen.
Keiner spricht es aus, aber das Damokles-Schwert der Rationalisierung, zugunsten einer standardisierten Software-Lösung, die so manche Personalstelle überflüssig zu machen verspricht, hängt nicht nur über dieser Abteilung.
Druckfrisch aus der systemischen[2] Weiterbildung gehe ich an diese Aufgabe heran – im festen Bemühen, diesmal auch die versteckteren Wirkmechanismen betrieblicher Interaktion zur Verbesserung des Testprozesses bloß legen zu helfen, sodass sich das Schlimmste vielleicht doch noch ab-

wenden lassen wird.

Auf dem Fechtboden
Wir
Ohne Regeln

Zur ersten Besprechung betrete ich voller Tatendrang den Raum. An den u-förmig angeordneten Tischen sitzen die acht Mitglieder der Testgruppe. „Wie Sie bereits aus der Einladung ersehen konnten …", beginne ich. Von einem Tisch am Fenster erhebt sich ein älterer, auf den ersten Blick unscheinbarer Mann. Wie sich später herausstellt, ist es der Gruppenleiter. „Guten Tag …" sagt er, und streckt mir die Hand hin, „… so viel Zeit muss sein."

[1] „Keigo", die japanische Höflichkeitssprache, ist ein für Europäer eher komplex anmutendes Geflecht von Regeln, wie man sich nach japanischer Etikette in welchem Kontext anderen Menschen respektvoll zu nähern hat.
[2] Im Gegensatz zur inhaltlichen Beratung, wo Fach-Experten ihre externen Beurteilungen und Lösungen einbringen, wird in der systemischen Beratung darauf geachtet, dass Beratene sowohl die Ursachen ihrer Engpässe selbst ermitteln als auch eigene Lösungen dazu finden – wobei diese Vorgehensweise das System zusätzlich stärken soll.

Ramona Linke

Schnee fegen

Es sind weniger die Sommer, deren Duft ich abrufen kann.
Das Treppenhaus, dort, wo wir in den 1960ern wohnten,
hat in meiner Erinnerung stets diesen Wintergeruch:
eine Mischung aus Kohlefeuerung, Bohnerwachs und Kohlsuppe.
Dazu das Bild von Spinnweben auf dem Plumpsklo.

Eins zwei drei vier Eckstein …
Mutter ruft
zum Abendbrot

Horst Ludwig

Eines Todes wegen bin ich nach weit über einem halben Jahrhundert noch einmal in die Stadt zurückgekehrt, wo ich fast meine ganze Schulzeit verbrachte. Aber wenig ist auf dem Schulweg noch so, wie ich es kenne, und die Brücke, auf der ich anhalte, weil die Hüfte schmerzt, ist auch nicht mehr die, über die ich damals fast täglich zweimal ging. Der Fluss ist natürlich derselbe, immer noch das gleiche müde graue Wasser. Und auch ein hölzernes Paddelboot noch … Früher hätte ich darinsitzen können, wenn ich mal etwas Geld hatte, mir so ein Vergnügen zu gönnen. Jetzt sitzt darin ein junges Mädchen, und von Weitem schon, merke ich, lächelt sie mir zu. Ich nicke, und sie hält im Paddeln inne und lässt das Boot treiben. Gepflegt sie, Schülerin, und wie sie sich gibt, – als kennte sie mich gut; jetzt winkt sie sogar, wie zum besonderen Gruß. Und dann gleitet das Boot unter die Brücke. Ich kann nicht auf die andere Seite: die Hüfte natürlich, und der Verkehr auf den jetzt sogar sechs Fahrspuren rauscht dicht, schnell und laut.

Graziles Lächeln
von jenseits des großen Sees
zum Grau des Himmels

Herbstblüte

3. November, ein Freitag. Zurück aus den Tagen am Meer, der Nordsee, die rau war und stürmisch der Wind, betrete ich meinen kleinen geschützten Garten. Der Rosenbusch, unter Regentropfen gebeugt und gelehnt an eine Wand jetzt, hat noch eine einzelne Blüte getrieben. Es muss wohl die letzte sein in diesem Jahr. Ich erfreue mich der Blüte kurz, die Dornen betrachte ich näher. Dann wende ich mich ab ins Haus, am Eingang entzünde ich ein Licht. Der Abend kommt, es ist kein Tee mehr zur Hand.

wie wenn der Herbst
jetzt früher fiele
als in Kindertagen

Haiku: Claudia Brefeld, Foto: Paul Bernhard

Tan-Renga

Horst Ludwig und
Heidelore Raab

Schneewind heult ums Haus –
ausgebreitet vorm Kamin
Reiseprospekte

Sommerfahrt zum Yellowstone
nebelnass der Beartooth-Pass

HR / HL

Ilse Jacobson und
Helga Stania

regenkapriolen
vor lauter lauschen
atemlos

durch räume
jugendlicher leichtigkeit

IJ / HS

Horst-Oliver Buchholz und
Gabriele Hartmann

Schweigen am Meer
alles Wollen
wieder im Winde

die beiden Muschelschalen
fügen zum Ganzen

HOB / GH

Gabriele Hartmann und
Walter Mathois

Eisweinlese
Rosenblüten neigen
sich zu Boden

tiefer und tiefer ins Glas
graviert er den Herbst

WM / GH

Claus Hansson und
Helga Stania

Waldbaden –
barfuß
übers Moos

eines Falters
Gaukelflug

CH / HS

Angelika Holweger und
Helga Stania

herbstlibelle
ein kleid
von licht

über pilgerpfade
durchs hinterland

AH / HS

Kettengedichte

Claus Hansson und
Helga Stania

Formen
Yotsumono

Flötensuite
unter alten Föhren
Licht-t-räume

der Engaku- ji *
eine Insel im Sand

Worte
verwirbelt
ihr innerer Fluss

aus Härte geformt
das Venuslächeln

*Zentempel in Kamakura, Japan

HS: 1, 3 / CH: 2, 4

Claus Hansson und
Ilse Jacobson

Traum eines andern
Renhai

Tag für Tag –
unser leises Gespräch
dem Abschied voraus   IJ

vom See her ein Gänseruf CH
*Zeit der dunkeln Frühe**   IJ

im Lichtbogen –
den Traum eines andern
zusammenfügen   CH

*Eduard Mörike

64

Tony Böhle

„Falter ohne Fühler"
Tanka-Sequenz

Einunddreißig,
verheiratet,
Golf-Fahrer –
das Wort *Establishment*
wird plötzlich konkret

die Liebenden vereint
trotz aller Widrigkeiten …
ist dies nicht der Punkt
an dem eine Geschichte
erst wirklich beginnt?

an manchen Tagen
möcht ich ihm misstrauen,
diesem Gesicht im
Spiegel, wie es mich anschaut
mit seinen braunen Augen

klammheimlich zähl ich
deine grauen Haare
und zweifle dann:
wer ist er, der nette Kerl,
für den ich mich immer hielt?

Samstagabende
allein mit dir vorm Fernseher –
eine Zeit als ich
begann, meine Unterwäsche
in 3er-Packs zu kaufen

einmal so sein wie
die Hauptdarsteller in den
Romantic Comedies,
die du so magst – doch bin ich
eher vom Typ Nebenrolle

„Kluge Männer find'
ich attraktiv." – doch hört man
wohl den Unterschied
zwischen *attraktiv* und *klug*
in den Worten, die du formst …

auch das Unglück,
das in jeder Liebe liegt
kennst du und
betrachtest doch das Leinwandpaar
mit leuchtend großen Augen!

dem reichen Mädchen
gleichst du in deinen Gesten,
dem Straßenjungen ich
mit meinem Blick – dieser Film,
wie soll er nur gut enden?

wie langweilig ein
Leben ohne Kummer ist,
denk ich bei mir
am Morgen nach dem Streit –
und doch … ich will nichts anderes

vom Regen
überrascht öffne ich
den Schirm,
doch du greifst nach deinem …
Kälte dieses Abends

wie seltsam ist doch
eine Welt, in der wir
Altpapier recyceln,
und trotzdem glauben an die
Beständigkeit von Liebe?

denk ich daran,
dass du mich fragst, ob mich
mein Gewissen plagt,
lass ich die Blumen lieber
gleich im Laden stehen

im kühlen Rot
der Abendsonne
durchziehen
zwei Tramgleise die Stadt
ohne sich zu berühren

versuch ich es
mit einem Vergleich,
bist du die
Puppe ohne Mund und ich
ein Falter ohne Fühler

stets zum anderen
den halben Tacho Abstand
halten… gibt es denn
solch eine simple Regel
nicht auch für Eheleute?

Es können auch längere und lange Kettendichtungen eingereicht werden, diese werden dann aber nicht mehr im SOMMERGRAS, sondern auf der DHG-Website parallel zur jeweiligen SOMMERGRAS-Ausgabe veröffentlicht. Auf diese Weise wird die gemein-schaftliche Kettendichtung besser gefördert, da es so keine Platzeinschränkungen mehr gibt, die beim SOMMERGRAS ja immer eine Rolle spielen.
Die Kettendichtungen (*renku*) bitte immer mit dem zugrunde liegenden Schema und Anmerkungen einreichen, da es so für die Leser besser nachvollziehbar ist.
Wir freuen uns auf Ihre Zusendungen!

Leserbriefe

Die SOMMERGRAS-Redaktion freut sich immer über Leserbriefe, jedoch ist das Einreichen eines Leserbriefes keine Garantie für den Abdruck. Der Umfang sollte ein bis zwei SOMMERGRAS-Seiten (A5) nicht überschreiten. Kürzungen/Abdruck von Auszügen behält sich die Redaktion vor (in Absprache mit dem Einsender).

Im SG 121 habe ich als Jurymitglied für die Haiku- und Tanka-Auswahl ein Haiku von Frank Dietrich kommentiert. Es lautet:

> Kirchenruine
> das Gewölbe
> der Himmel

Im letzten SG (122) ist ein Leserbrief von Klaus-Dieter Wirth erschienen, in welchem er mir einen Irrtum unterstellt. Er schreibt, ich hätte ein aus seiner Sicht „ganz wichtiges Detail unbeachtet gelassen, hat doch der Autor hier nicht den Singular *des Himmels* gewählt, wie in den Erläuterungen suggeriert wird, sondern […] den Plural *der Himmel.*"

Hierzu lässt sich sagen, dass „der Himmel" keineswegs als Plural gelesen werden muss, sondern auch als Singular aufgefasst werden kann. Denn setze ich gedanklich hinter die zweite Zeile des Haiku das Wörtchen „ist" oder auch einen Doppelpunkt, so habe ich mit der dritten Zeile einen Nominativ im Singular und keinen Genitiv Plural vor mir. Diese Lesart habe ich gewählt. Sie ergibt ein stimmiges Bild mit einem durchaus komplexen Sinngehalt.

Reinhard Dellbrügge

Reaktion zur Tan-Renga-Ausschreibung und Ergebnisvorstellung[1]

Ganz allgemein: Erfreulich ist es, Menschen mit derartiger Ausschreibung zum Schreiben und zum Nachdenken über eine besondere Lyrikform anzuregen. Wünschenswert und hilfreich wäre jedoch auch, dass die Jury in Zukunft vorab benennt, nach welchen literarisch vergleich- und wiederholbaren Kriterien sie ihre Auswahl trifft. Denn darüber geben die Besprechungen der drei auserkorenen Textergänzungen nur wenig Auskunft.

Zum Gelungenen und dessen Begründung: Zum Tan-Renga

Am steigenden Fluss
die alte Weide streichelt
ihr Spiegelbild

Hintergrund für wen etwas ab
für mehrere Selfies[2]

Claudia Brefeld/Horst Ludwig

könnte ich mir den Gesprächsverlauf zur Auswahl etwa folgendermaßen vorstellen: „Was meint der Autor wohl? Wer soll das denn verstehen? Zu geschraubt, zu umständlich!" Und das war's womöglich schon für den Text.

Doch was sagt der vorgelegte Unterstollen nun aus? Zunächst bringt er neben den impliziten Beobachter ein zusätzliches Subjekt ein (für wen), wobei das Subjekt aber ebenso der implizierte Beobachter sein könnte. Dieses zusätzliche Subjekt steht aus guten Gründen etwas abseits: nämlich wegen des steigenden Wassers, aber auch, weil es suggestiv kaum an dem im Hokku senryuesk naturnarzisstisch Gezeichneten[3] interessiert zu sein scheint. Zugleich wird aber das im Oberstollen dargestellte selbstverliebte Naturspiegeln und -streicheln dann im Unterstollen bewusst auf zeitgemäße Weise mit dem Menschen allein im Mittelpunkt humorvoll überzeichnet: ein moderner Handy-Narziss in digitalem Pixelgewand. Und so wandelt sich unsere Fernweitwinkelperspektive, mit der sich das Subjekt – und

69

damit ja auch der beobachtende Leser – vom Inhalt des Hokku entfernte[4], in eine völlig (selbst)vertiefende virtuelle Nahaufnahmenwelt, in der weder die Qualitäten einer Frau Weide noch irgendeine andere Natur Platz haben. Dieser textambivalenten Darstellungsart liegt das literarische Stilmittel der Ambiguität (Uneindeutigkeit/Doppelsinn) zugrunde. Entsprechend fallen in Segment e ganz natürlich die Ein- und Ausblendungen der Weidennatur mit den naturentspiegelten Selfies zusammen. Infolge dieser geschickten Überblendung findet sich die Wesensart der Natur mitsamt ihrem mythologischen und symbolischen Gehalt auf die Wesensart des Menschen und seines Verhältnisses zur Natur über die verschiedenen Zeiten bis in die Gegenwart eingefangen. Dabei ergänzen und vertiefen sich bild- und strukturkompositorisch das Hokku und der Anschlusstext: Im Hokku finden wir einen Bildaufbau mit einer starken Bildwaagerechten (der Fluss) und -senkrechten (die Weide). Das weist eine statisch geschlossene, aufs Zentrale verweisende Form aus. Der Anschlusstext hingegen arbeitet mit einer Überblendung aus Weitwinkel und Zoom, also mit einem dynamischen und dezentralisierenden Bildaufbau der offenen Form, die über sich hinausweist. Diese beiden verschiedenen Stilformen ergänzen sich und führen zu einer ausgeglichenen Form der Gegensätze, wie wir sie in der bildenden Kunst (siehe Heinrich Wölflin: offene und geschlossene Form[5]) und auch in der Literatur (siehe Fritz Strich[6]) finden. Damit erinnert das Tan-Renga an Stil- und Sichtweisen vergangener Epochen (das Zeitvollendete) und zielt in der Zusammenschau aufs Zeitlose, das Sichunendlich-im-Fluss-Befindliche. Alles zusammengenommen ergibt sich so eben doch ein clever gebautes und sehr lesenswertes Tan-Renga mit einigem Humor zu natürlichen, menschlichen und allzu menschlichen Verhaltensweisen.

Beate Conrad

---

[1] Deutsche Haiku-Gesellschaft, SOMMERGRAS, Nr. 121, 2018: Weiterdichten zu einem Tan-Renga, S. 25–29
[2] Deutsche Haiku-Gesellschaft, 2018: Weiterdichten-Tan-Renga, nur online verfügbar unter: https://deutschehaikugesellschaft.de/wp-content/uploads/2018/07/Weiterdichten-Tan-Renga-121.pdf
[3] Ein recht ähnliches Hokku erschien übrigens schon von Hildegard Dohrendorf „zartfingriges

Grün / die Trauerweidenzweige / streicheln das Wasser" in der Vierteljahresschrift SOMMER-GRAS, März 2008.

[4] Im übertragenen Abstandnehmen geht es ebenso um eine Kritik im Bereich der Kunst: nämlich um die zu häufige Reproduktion, also Abnutzung eines Themas bzw. Kunstwerks der Vergangenheit, wo Personen, Ereignisse etc. einen rituellen Wert annehmen, der ihnen nicht zukommt, wie bei einem unechten Mythos.

[5] Heinrich Wölfflin: Kunstgeschichtliche Grundbegriffe: Das Problem der Stilentwicklung in der Kunst, Classic Reprint 2018

[6] Fritz Strich: Deutsche Klassik und Romantik, München 1928

Zu „Reaktion zur Tan-Renga-Ausschreibung und Ergebnisvorstellung"

Replik

Liebe Beate Conrad,

vielen Dank für Ihren Leserbrief, wir freuen uns, wenn die Beiträge im SOMMERGRAS einen Dialog anregen.

Um sogleich auf Ihre Frage nach literarisch vergleichbaren Kriterien für die Auswahl zu kommen: Einen fixierten unverrückbaren Kriterienkatalog, den die Jury bei der Wertung der eingereichten Werke befragt, den gibt es nicht. Erlaubt sei hier die Frage: Muss es den geben? Führt ein solcher Katalog nicht eher zu einer einschränkenden Wahrnehmung von Dichtung, einem normativen Literatur-Verständnis, das dem Wesen von Dichtung, ihrer Vielschichtigkeit, gegenläufig ist? Ein Literatur-Professor in Göttingen sagte einmal sinngemäß während einer Vorlesung: „Wenn Literaturwissenschaft überhaupt möglich ist, dann sollte man sie besser lassen. Literatur gehört in die Cafés, nicht in die Hörsäle." Sagt ein Literatur-Professor. In einem Hörsaal. Und wir meinen: Recht hat er.

Ihre Sentenz „Und das war's dann womöglich schon für den Text" zielt gut, trifft aber nicht. Denn so ist es nicht. Vielmehr durchläuft jedes einzelne Werk zumeist mehrere Wertungsrunden in sorgfältiger Prüfung und Abwägung durch die Jury. Dem zugrunde liegen zunächst einmal die Erfahrungen der Jury-Mitglieder, die ihrerseits selbst seit vielen Jahren schreiben und veröffentlichen und die Entwicklung der verschiedenen

Formen über Jahre hinweg verfolgen, begleiten, teils auch kritisch kommentieren.

Ein wichtiges Kriterium bei der Wertung ist indes – und das ist bei aller Diskussion um Haiku und verwandter Formen weitestgehend Konsens – die Offenheit der Texte. Die Möglichkeit, sie assoziativ weiterzuführen, der Nachhall einer Dichtung, der über das geschriebene Wort hinaus klingt. Auch in diesem Sinne werden die Texte von uns besprochen. Weniger also auf Grundlage einer wissenschaftlich messbaren Qualitätsnorm, sondern im Nachspüren und Herausarbeiten dessen, was dem einzelnen Text innewohnt, was ihm Bedeutung gibt über das bloße Wort hinaus.

Sicher, das ist nicht mit dem Lineal messbar, und natürlich kann es dabei zu unterschiedlichen Auffassungen kommen. Ist das schlimm? Nein. Es ist Ausdruck der Vielseitigkeit von Dichtung. Und so werden die eingereichten Werke auch innerhalb der Jury immer wieder kontrovers besprochen, kritisiert, verworfen und verteidigt – geeint aber von dem Respekt vor jedem einzelnen Text, das uns erreicht.

Nicht zuletzt Ihre ausführliche Besprechung des Tan-Renga legt Zeugnis ab von der Vielschichtigkeit von Dichtung. Sie unterstreichen damit, was auch Grundlage unserer Wertungen und Besprechungen ist: Dass nämlich unterschiedliche Betrachtungen eines Haiku, Tan-Renga oder verwandter Formen nicht nur möglich, sondern durchaus auch wünschenswert sind, solange sie sich nicht in Beliebigkeit verirren.

Gerade dieser Vielfalt von Dichtungen und Deutungen ein Forum zu geben, ist ein zentrales Anliegen von SOMMERGRAS.

Die SOMMERGRAS-Redaktion

Rezensionen/Besprechungen

Peter Rudolf

nichts weiter – drei zeilen nur

nichts weiter – drei zeilen nur von Gregor Graf. Books on Demand, Norderstedt. 2018. ISBN 9-783752-812961. 92 Seiten.

Ein mir rätselhaftes und zugleich wunderschönes Buch fiel mir, durch den Verfasser an die DHG gesandt, diesen Sommer in die Hände. Es trägt den unscheinbaren Titel „nichts weiter" und den Untertitel „drei zeilen nur". Zum Autor heißt es neben anderen Stichworten, dass er Gedichte schreibe. Auf Seite 3 enthält das Buch ein Zitat von Issa.

Drei Zeilen + Gedichte + Issa + die Einteilung, welche im Inhaltsverzeichnis die fünf Jahreszeiten von Neujahr bis Winter aufzählt. Dies sind im ganzen Buch die einzigen Hinweise, dass es sich bei den ausnahmslos dreizeiligen Texten nicht nur um Gedichte, sondern um Haiku handeln könnte. Der letzte Text des Kapitels „Sommer" lautet:

> da steh ich nun
> die blumen
> welk   S. 54

Der Text davor hat auch wieder sieben Wörter auf drei Zeilen:

> er schreibt ihr
> von rosa
> malven nur   S. 53

Anhand dieser zwei aufeinanderfolgenden Texte – jeder Dreizeiler steht auf seiner eigenen Seite – möchte ich einen Moment aufzeigen, welcher mir bei der Lektüre aufgefallen ist. „rosa malven" sind die beiden Wörter des einen Textes, die nicht einsilbig sind. Im nächsten Text heißt das einzige mehrsilbige Wort „blumen". Es sind auch die beiden einzigen Substantive dieser beiden Texte. Durch ihre Abfolge tauchte mir so etwas wie ein roter Faden auf, ein Anflug einer Geschichte, vielleicht eine Entwick-

73

lung, die ich auch andernorts im Buch zu finden vermeine. – Auch wenn dieser Moment am gezeigten Beispiel vielleicht formell recht gesucht ist; auch wenn dieser Moment sich vielleicht eher zufällig als gewollt ergeben hat: Inhaltlich bietet das Buch ganz deutlich Zusammenhänge über die Seiten, und wir Leser dürfen – vor allem wenn wir uns der Gefahr des Irrens bewusst sind – bei diesem Buch nicht nur zwischen den Zeilen, sondern auch zwischen den Seiten lesen.

Damit ergibt sich für mich dieser dramaturgisch da und dort auftauchende rote Faden. Ein Gewebe zieht vom ersten Text auf Seite 7

zum neuen jahr
schnee auf schnee
weiß auf weiß

über die Jahreszeiten wie über Stationen eines Lebens bis zum letzten Text

mein gott
was er noch vorhat
mit mir   S. 88

vor dem Inhaltsverzeichnis auf Seite 90 am Buchende. Und dann folgt gegenüber auf Seite 91 noch einmal ein Text:

wie viele wellen
das meer wohl
hat

So bietet dieses Büchlein an, seinen Leser auf eine Lebensreise mitzunehmen. Sind seine Texte nun Haiku oder nicht? Ich stelle hier für die ersten beiden Jahreszeiten des Buches je zwei Texte hin:

im schneegestöber			sie lächelt	
so vergnügt			flüstert ihm	
die zwei alten	S. 10		ins ohr	S. 11
vom löwenzahn			sie sei schön	
wie zart			hat er ihr	
die ersten zähne	S. 29		gesagt	S. 21

Bei den links stehenden Texten würde wohl kaum jemand sagen, dass es kein Haiku sei. Ein Kigo in der ersten Zeile – damit ist schon alles klar. Die rechts stehenden Texte sind da schon weniger eindeutig – aber nebenbei gesagt: Ich finde sie wunderschön. – Als Hilfe überlege ich mir, in welchem Zusammenhang sie veröffentlicht sind. Würden sie beispielsweise in einem Buch veröffentlicht mit dem Titel „Liebesgedichte", und stünden sie da zwischen mehrstrophigen Gedichten und Balladen, könnten die Dreizeiler schlicht kurze Liebesgedichte bleiben.

Eine weitere Lese-Hilfe sei verraten, die mir der Autor freundlicherweise zur Verfügung gestellt hat. Es ist sein Buch „Haiku im Abendwind" mit dem Untertitel „Poesie auf drei Zeilen" (BoD, Norderstedt, 2015). In diesem früheren Buch stehen von 62 Haiku deren 55 im perfekten 5-7-5-Silbenschema. Und es finden sich 2018 etliche Haiku wieder im neuen Band; diesmal aber sind sie „abgespeckt", wie einer unzimperlich sagen könnte. Der Autor weist auf der Rückseite des Einbandes darauf hin, was da geschehen ist: „Je länger ich an diesen Texten arbeite, entgleiten mir Worte, Ballast fällt ab, […]". – Dafür zwei Beispiele im Vergleich:

Die Stubenfliege	die fliege am fenster
sich doch grad auf mein Heft setzt.	warte nur
Wart nur, denk ich leis! 2015, S. 14	denk ich 2018, S. 81

Das Fenster offen,	er schreibt ihr
schreibet er ihr von den zarten	von rosa
rosa Malven nur. 2015, S. 28	malven nur 2018, S. 53

Ein einziger Dreizeiler, von insgesamt 76, hat mich nicht überzeugt:

kuckuck
mann und frau
sich ansehen – lächeln   S. 31

Hier beschreibt der Autor für meinen Geschmack zu viel. Neben den drei ersten Dingen steht noch das „lächeln" – das ist, einem inneren Miterleben folgend, ein Schritt zu viel. Da finde ich ein einziges Mal etwas Ballast, welchen der Autor vergessen hat abzuwerfen. Ob er nun die zweite Zeile oder von den vier Momenten den letzten, das „lächeln", weglassen würde,

wenn man ihn darauf anspr4che?
Immerhin findet sich ein sehr ähnlicher Dreizeiler auch schon im Buch
von 2015:

> Im Neujahrsschnee dort
> Mann und Frau sich ansehn und
> lächeln – heimlich nur   2015, S. 11

Im Vergleich dieser beiden Texte wurde in drei Jahren schon recht viel
Ballast abgeworfen. Der 83 Jahre alte Autor scheint sich bewusst zu sein,
dass es Zeit werden könnte loszulassen. Ob er da Schritte des Loslassens
bezeugt?

Dies gehört für mich zum Rätselhaften dieses Buches. Ich habe es wie-
derholt gelesen. Bis sich mir der Gedanke aufdrängte: Spätestens gegen
Ende eines erfüllten Lebens könnte es Zeit werden, auch kürzere Haiku zu
wagen. Ob man auf solche wie dieses letzte Beispiel hoffen dürfte?

> da fiel ihm
> ein lila duft
> um den hals   S. 42

Es ist mein Lieblings-Haiku dieses Buches geworden. Und das wäre auch
mein Titelvorschlag an den Autor für eine weitere Auflage für den Fall,
dass sein Alterswerk verdienterweise größeren Anklang finden würde.

Ellen Althaus-Rojas

stadtlandfluss

stadtlandfluss – mixtape – stadlandfloss von Steve Hoegener (Hrsg. Ingo Cesaro).
Neue Cranach Presse, Kronach. 50 Exemplare, nummeriert und handsigniert.
2018. 32 Seiten.

Wie Wasser, wie Wald – so satt blaugrün wirkt die Oberfläche des reliefartig gewellten, in Nepal handgeschöpften Einbandes. Wie Licht die dazu fein abgestimmten zweiunddreißig Seiten cremefarbenes Werkdruckpapier – in Japanblock und Durchstichtechnik gebunden. Das bibliophile Bändchen sensibilisiert schon äußerlich für die insgesamt vierundachtzig dem traditionellen Versmaß 5-7-5 verschriebenen Haiku. Zehn davon präsentiert der in Luxemburg lebende zuletzt mit dem Frieling-Lyrik-Preis 2017 ausgezeichnete Autor Steve Hoegener in letzeburgischer Mundart. Es bereitet Vergnügen, das feine Buch aufzuschlagen und bereits auf der zweiten Seite einem Kunstwerk zu begegnen. Eine Fliege, auf den ersten Blick à la Sibylla Merian gezeichnet, schwebt diskret verfremdet, über verblassenden, kaum wahrnehmbaren Umrissen eines Tonbandgeräts, darüber in unendlichen Windungen das Tape einer defekten Musikkassette. Vergangenheit, Vergänglichkeit, Tradition und Avantgarde – das ewige Vergehen und Werden spiegelt sich in dieser Schwarz-weiß-Installation aus Zeichnung und Fotografie des Künstlers Fabrice Génot. Zum Auftakt der Lektüre macht sie Lust, sich treiben zu lassen im Strom der alle Sinne ansprechenden, lyrisch nuanciert komponierten Haiku durch Raum und Zeit, durch *stadt-land-fluss.*

> im keller warten
> alte wanderschuhe – schlamm
> staub steine berge

Von Frühling zu Frühling spannt der Autor den Bogen, vom Bleibenden zum Vergänglichen, vom Nahen zum Fernen, vom Bekannten zum Fremden über Grenzen hinweg zu Städten, Kulturen, Sphären.

77

am frühlingsmorgen
in stillen hochhausschluchten
der mond blasssilbern

in richtung süden
auf der autobahnbrücke
Qu'est-ce qu'on attend?

tunis – gebetsruf
ein mann baut sich 'nen käfig
für die singvögel

café – schwarz und süß
der maschinist pfeift opern
piazzaleben

In die achtziger Jahre und womöglich in eigene Stimmungen und Erinnerungen jener Tage fühlt man sich katapultiert:

godzillas schrei schrillt
durch heiße sommernächte
meiner jugendzeit

Von ephemerer Schönheit, so filigran in Worte gefasst wie das Gefühl der Vergänglichkeit selbst, wirkt dieses Haiku:

die fliegenflügel
schimmern blaugrün – vertrocknet
im verlassenen haus

Ungeheurer Nachhall entsteht durch den geschickten Parallelismus von Bildern und Geräuschen, von Meer und Wald:

wie wellen im meer
das waldrauschen im wind – holz
knarzt knackt und biegt sich

Die Wärme eines Spätsommersamstags verströmt jede Silbe, deutlich verstärkt durch das Letzeburgische, das seine Anmut in mehreren sehr stimmungsvollen Haiku in diesem Zyklus entfaltet:

samsdes am bongert
rout appel schenken ons séiss
doft vun aller sonn

Kraftvoll im Ausdruck, mit maximaler Wirkung auf alle Sinne, spürt man in folgenden Zeilen den Sommer weichen:

abendwind vom see
olivenbäume glitzern
grau im leeren pool

Die sich einstellende Wehmut im Prozess des Abschiednehmens überträgt sich durch die sprachlich sehr fein kontrapunktierte Statik des Zurückbleibens gegenüber der dynamischen Bewegung des Fliegens. Leere erfasst einen:

blick aus dem fenster
vogelschwarm – lautlos und grau
zieht der himmel fort

Winterliche Kälte und mit ihr soziale Kälte gegenüber einem mittellosen Menschen ohne Dach über dem Kopf zur Weihnachtszeit, wenn Familien zusammenkommen und im Überfluss schwelgen, kriecht aus diesen Zeilen und legt sich bleischwer auf unser Gewissen. Wen würde keine Wärme für seinen Nächsten überkommen?

ein blinder bettler
sieht durch die weihnachtsshopper
streichelt seinen hund

Im Großstadtfrühling hat der Zyklus meisterhaft geschriebener Haiku begonnen. Im Großstadtwinter neigt er sich seinem Ende zu, bevor der Autor den Leser mit seinem letzten Haiku auf Letzeburgisch – dem einzigen im Buch mit deutscher Übersetzung – um viele Stimmungen und Bilder reicher hoffnungsvoll *dem lenz entgegen* schickt.

zwischen hochhäusern
die rote wintersonne
im smog der großstadt

héich vum bierg erof
stierzt a kaskaden eng bach
an d´féijor eran

vom berg hinunter
stürzt in kaskaden ein bach
dem lenz entgegen
(Übersetzung)

Christa Beau

Haiku 2016 und 2017

Haiku 2016 und Haiku 2017 von Martin Berner

Die zwei Büchlein haben eine Größe von 10,5 cm mal 7cm. Je Heft sind 36 Haiku zu lesen und zehn abstrakte Bildchen, mit schwarzer Tusche gezeichnet, zu betrachten. Fast alle Texte sind in der Freistilform geschrieben, meist dreizeilig, zweimal sind es zwei Zeilen.

Einige der Haiku kenne ich aus dem SOMMERGRAS und der Internetseite von Volker Friebel www.haiku-heute.de.

Aus dem Heft 2016 haben mich folgende Haiku besonders angesprochen:

die Frauen
am Nachbartisch raspeln
ihre Männer

Ja, für Frauen sind die Männer oft ein Gesprächsthema. Sie sind interessant auf ihre Weise; man kann viel Gutes über sie sagen, jedoch manchmal auch das Gegenteil. Ich glaube zu erkennen, dass der Autor des Textes ein

Mann ist –„raspeln" spricht dafür.
Dennoch gefällt mir als Frau dieses Haiku.

Chorprobe
und immer
an derselben Stelle

Es macht neugierig. Ich denke nicht, dass der Ort gemeint ist an dem re-
gelmäßig die Probe stattfindet. Eher: Was passiert an dieser einen Stelle?
Singt da jemand falsch? Schweifen die Gedanken? Rollen die Tränen?
Oder lacht da eine Person? Was auch immer!

Apfelweinverkostung
der englische Gast
gibt keinen Kommentar

Der hessische „Äppelwoi" schmeckt natürlich ganz anders, als der „Cid-
re", den man in England auch in Pubs aus dem Zapfhahn serviert be-
kommt. Der ist oft alkoholhaltiger und sprudelt.
    Welcher wird dem Gast wohl mehr munden? Der hessische? Das
könnte man vermuten. Doch er schweigt.
    Im Heft 2017 sind mir folgende Haiku aufgefallen:

Sonntagsspaziergang
als wäre
die Welt im Lot

Da schlendert man am Sonntag, meist gut gekleidet, durch Parks, den
Wald, entlang eines Flusses oder einfach durch die Innenstadt. Düfte, Far-
ben, Schaufensterdekorationen gefallen. Die Sinne sind ganz im Jetzt, im
Frieden des Moments. Doch weit weg, viele Kilometer entfernt, fallen
Bomben auf Kinder, Frauen und Männer, werden aus Häusern Ruinen,
wird Kunst zu Schutt. Und in derselben Stadt, durch die der Sonntagsspa-
ziergang führt, sitzen Menschen, halten bettelnd die Hände auf, leidet der
Mann, der die Jugendjahre überschritten hat, an Arbeitslosigkeit und De-
pression, demonstrieren Menschen gegen Rassismus und Menschenfeind-

lichkeit. Was könnte ich da noch alles hinzufügen!

Ein Haiku, das viele Denkanstöße gibt.

Weißdornblüte
er denkt
an Sommerreifen

Es fällt mir eine alte Bauernregel ein: „Wenn der Weißdorn blüht im Hag, so wird es Frühling auf einen Schlag".

Und da sollten die Reifen am Auto gewechselt werden!

Für mich eine gelungene Juxtaposition.

Schulranzen kaufen
der Opa
wird traurig

Wie viele Stunden am Tag wird der Opa mit dem Kind verbracht haben? Zeit, die ihn jung gehalten hat, ihn Erfüllung brachte. Mit dem Schulbeginn wird sich das ändern müssen. Ich würde den Opa gern trösten. Ich weiß, wie sehr sich meine Enkelkinder auf gemeinsam verbrachte Ferien gefreut haben. Hilfe bei den Hausaufgaben ist oft sehr erwünscht. Vielleicht findet der Opa jetzt Zeit für ein anderes Hobby.

Möglich wäre auch, dass der Großvater mehr an das Enkelkind denkt. Seine Sorglosigkeit und Unbeschwertheit wird es verlieren. Die Schule fordert Regeln, Pflichten, Anpassungen.

Ein Haiku mit einer sehr menschlichen Sicht.

Wollen Sie noch mehr Haiku aus diesen Büchlein lesen? Dann wenden Sie sich an Martin Berner persönlich: E-Mail: martinberner@nexgo.de, Telefon: 069 474092.

Martin Berner

von Schatten trinken

von Schatten trinken sipping from shadows von Simone K. Busch. Books on Demand, Norderstedt. 2017. ISBN 3743143402. 132 Seiten.

Das Büchlein, bei Books on Demand herausgebracht, enthält 85 Haiku auf Deutsch und Englisch, wobei das an erster Stelle stehende Original entweder als deutscher oder englischer Text verfasst wurde.

In seiner Einführung bespricht Gerd Börner einige Haiku, wie auch Catherine Urquhart in ihrem englischen Vorwort. Trotz dieser schon recht ausführlichen Würdigungen bleibt noch viel Erwähnenswertes für den Rezensenten.

Formal sind die Texte frei, manche im 5-7-5-Rhythmus, die kürzesten kommen auf zehn Silben, eins braucht nur zwei Zeilen. Entstanden sind sie wohl während eines vierjährigen Japan-Aufenthalts der Autorin. Sie hat sich und ihre Umwelt in dieser Zeit genau beobachtet und führt uns in Gefühlswelten von Fremdsein, Heimweh, Neugierde und Überraschung.

Vierzehn Schwarz-Weiß-Fotos nehmen die Augen mit auf eine Japanreise.

Langstreckenflug
in der Fremde
warte ich auf mich

Wer kennt das nicht, dieses Gefühl, dass die Seele dem Körper nicht nachgekommen ist. Vielleicht können unsere Seelen schon schneller reisen als ein Pferd, aber schneller als ein Auto schaffen es die meisten nicht.

Gegenüber
der Fremde spricht
Heimat

Großartig eingefangen die Erfahrung aller, die ihr muttersprachliches Idiom haben ablegen müssen und für die der Klang vertrauter Worte eine ganze Welt erschafft.

Gänse ziehen
wir teilen unsere Träume
mit dem Wind

Die Autorin lässt uns den Freiraum, die Träume mit unseren eigenen Inhalten zu füllen – die ziehenden Gänse – ziehen sie weg oder zurück? – auch ihr Zuhause ist geteilt.

Kondensstreifen
die Spanne zwischen Heimat
und Zuhause

Das soll ein gutes Haiku leisten: ein Bild mit Worten malen und im Leser/der Leserin Gefühle aufleben lassen, ohne ein Gefühl zu beschreiben.

Shinkansen
ziehe den Rotz hoch
wie mein Nachbar

Dieses Haiku gefällt mir besonders gut, erinnert es mich doch an einen nun schon viele Jahre zurückliegenden Rückflug von Tokio nach Frankfurt. Ein hinter mir sitzender japanischer Fluggast zog mindestens fünf Stunden lang die Nase sehr geräuschvoll hoch. Wie oft war ich versucht, ihm ein Taschentuch anzubieten, wusste aber natürlich, dass ihn dies tief beleidigen würde, laut Nase putzen ist für Japaner ein sehr, sehr ekliges Geräusch. Also habe ich es ausgehalten.

Noch ein Reise-Haiku, das mit wenig Aufwand viel bewegt:

allein unterwegs
eine Handvoll Wärme
vom Maronenmann

Natürlich kennt sich Simone K. Busch in der traditionellen japanischen Haiku-Literatur aus und spielt mit den Originalen.

84

schläfriger Teich
berührt vom Geräusch
eines alten Frosches

Bashōs alter Teich ist schläfrig, dafür der Frosch alt (seit fast vierhundert Jahren muss er in den alten Teich springen). Und lässt uns Bashō einigermaßen ratlos zurück, was denn nun dieses Geräusch des springenden Frosches bewirkt, bietet uns die Autorin eine Interpretation an.

Frühlingsgras
die Träume der Krieger
in den Kindern

Das mindestens ebenso bekannte Sommergras-Haiku Bashōs hat sie weiterentwickelt. Sie sieht das Gras im Frühling, wenn alles zu neuem Leben erwacht. Die Krieger haben ihre Träume nicht mit sich begraben, auch die sprießen und wollen weiterleben.

kleine Schnecke
in meiner Hand – zu spät
für die Fuji-Besteigung

Hier schafft es Simone K. Busch, dem eindimensionalen Original Issas (Ja, Schnecke/besteig den Fuji,/ aberlangsam, langsam) eine weitere Dimension zu verleihen – wobei die Antwort auf die Frage, warum es zu spät ist, dem Leser/der Leserin überlassen bleibt.

Bonsai-Show
mein Kind lassen
wie es ist

Auch dies ein Text, der mehrere Ebenen anbietet: Schreckt der Anblick der arg von Menschen gestalteten Bonsais die Mutter ab, ihr Kind zu sehr zu beschneiden oder zeigen sie ihr, wie sehr auch ein kleiner Baum Persönlichkeit sein kann.

leere Zikade
im nächsten Leben
bin ich frei

Wo sind sie hin, Körper und Seele der so lautstarken Zikade. Die Autorin jedenfalls schöpft Hoffnung für sich und ihre ganz ferne Zukunft.

Partitur von 4'33" –
vor dem Museum
fällt Schnee

Wie viele Haiku kennt man, die Schnee und Stille zusammenbringen – ganz wenige so kunstvoll einfach und überzeugend.

Yamanote Line
meine Angst
Millionen Jahre alt

Hier wird ein Gefühl benannt. Das Kunstvolle an diesem Haiku ist die Verbindung des Angstgefühls, in einer riesigen, bedrängenden Menschenmenge mit der existenziellen Erfahrung, allein auf der Welt zu sein.

Regentag
ich weiß vom Amselgesang
im geheimen Garten

Lavendelduft
ihre Augen auf dem Selfie
geschlossen

Erntezeit
ein Kind im Rollstuhl
sammelt Licht

rote Blätter jagen
die Stille des Fuji

Unnötig, über solche großartigen Verse Worte zu machen! Ein Büchlein, das man immer wieder gern zur Hand nimmt.

Gérard Krebs

Glück ist sinnlich

Glück ist sinnlich Haiku und Haibun von Christa Beau. epubli GmbH, Berlin. 2018. ISBN 978-3-746749-32-7. 35 Seiten.

Christa Beau ist eine erfahrene und produktive Autorin. Nebst Veröffentlichungen von Haiku, Haibun und Haiga in Anthologien, Kalendern, Zeitschriften und im Internet hat sie – soweit mir bekannt ist – um die zehn Bücher unterschiedlichen Formats publiziert. Ihre neueste Veröffentlichung „Glück ist sinnlich" ist ein Bändchen mit 25 Haiku in freier Form, jedes auf einer Seite, sowie zwei Haibun (mit je einem Haiku), die sich wie kleine Einführungen zu den jeweils nachfolgenden Haiku lesen.

Wie uns die Verfasserin im ersten Haibun und einem kleinen Nachwort wissen lässt, gehen die Texte in „Glück ist sinnlich" auf Urlaubserfahrungen und -beobachtungen in der Mecklenburger Seenplatte zurück, genauer am Großen Labussee und auf dem „Kranichhof".

Ferien
tief unten im Rucksack
die Uhr

Während die Autorin in den Haibun-Texten persönlich auftritt, nimmt sie sich in den Haiku-Texten zurück, lässt die Situationen – ein wesentlicher Aspekt eines Haiku – für sich sprechen. So ist das Glück, das hinter der Summe der Erfahrungen spürbar wird, in keinem der Haiku explizit genannt. Mit der „Uhr tief im Rucksack unten" öffnet sich ein Raum für sinnliche Empfänglichkeit, die der Hervorbringung der Texte vorausgeht und diese überhaupt erst ermöglicht. Vor allem visuelle und taktile Wahrnehmungen, aber auch akustische und olfaktorische durchziehen die Texte. Dabei kommt es gelegentlich auch zu ungewohnten Sehweisen oder humoristischen Beobachtungen wie in

ein stiller Moment
Auge in Auge
mit einem Blesshuhn

oder

im Flachwasser
auf einem Krokodil triumphiert
ein Kind

Zu den Besonderheiten des Haiku allgemein zählt, dass es sich gerne dem Unscheinbaren, dem wenig oder überhaupt nicht Beachteten zuwendet. Genau das lässt sich auch in den Texten von Christa Beau beobachten, beispielsweise im Erhaschen eines vorüberziehenden Schattens auf einem Kaffeetisch:

Frühstück
über den Kaffeetisch zieht
ein Kranichschatten

Dabei zeigt sich, wie flüchtig und vergänglich die sinnlichen Glücksmomente oft sind, aber eben, im Haiku sind sie festgehalten, aufbewahrt für künftige Glücksmomente beim Lesen und Wiederlesen. Wie Christa Beau im ersten Haibun selbst schreibt: „Es sind die kurzen Momente, die mir Kraft geben werden für die Routine des Alltags."

Mögen sie nicht nur ihr, sondern auch ihren Leserinnen und Lesern Kraft geben, Glück bringen und Ansporn zu weiteren Kreationen sein!

Berichte

Volker Friebel

Licht der Sonnenblume
Zu einer Lesung von Angelika Holweger und Hiroko Oikawa

Ein Herbstabend am Alten Friedhof in Horb am Neckar, der zu einem internationalen Kunstprojekt umgestaltet wurde. Die Dämmerung hat schon eingesetzt, der Scheinwerfer für die Autorin ist endlich so platziert, dass er das Lesen erleichtert, aber die Zuhörer nicht blendet. Etwas mehr als zwanzig Gäste mögen es sein, die meisten dürften jedes Mal kommen, wenn der ARTpark hier eine Veranstaltung gibt. Wir sitzen auf festen Bänken im Viereck, warm angezogen und dankbar für die Wolldecken unter uns.

Angelika Holweger lässt jedem Prosatext (Haibun) drei, vier, auch mal fünf Haiku folgen, dann kommt ein Gitarrenstück, sehr schön gespielt von ihrem Sohn Uli Holweger: Man merkt, dass Angelika Erfahrung mit Lesungen hat, Abwechslung ist wichtig, sonst ermüdet die Aufmerksamkeit, und alles klingt gleich. Haiku und Haibun von Angelika Holweger sind im Netz und im Sommergras gut vertreten, in der Folge einige Beispiele:

im Autoradio der alte Schlager – ich verschiebe den Einkauf	große Stille eine Fledermaus berührt das schwindende Licht
mondlose Nacht das Bellen der Füchse kommt näher	Oktoberlicht noch im Gespräch Grille und Bach

Den zweiten Teil des Abends bestreitet Hiroko Oikawa, eine zeitweise als Künstlerin in der Gegend lebende Japanerin. Dass sie, mangels ausreichender Sprachkenntnisse, kaum verständlich ist, macht sie und ihre Darbietung nicht weniger sympathisch. Sie geht auf den Unterschied zwischen japanischen und deutschen Silben ein, so viel bekomme ich mit, und auf die Schwierigkeit von Übertragungen – und vor allem: Sie liest japanische Haiku in ihrer Muttersprache.

Ich schaue umher: Zwar dürfte niemand Japanisch verstehen, aber die Zuhörer gehen gut mit, haben sich vorgebeugt, versuchen Blicke auf Fotos und Schriftzeichen im Laptop der Künstlerin zu erhaschen.

Auch ich klatsche am Ende tüchtig – und frage mich wieder einmal, was uns im Westen am Haiku so anzieht. Fast automatisch verbessere ich mich, als mein Blick über die vielen verschiedenen Gesichter schweift: was mich am Haiku so anzieht.

Es ist nicht die Betonung des Schematischen, Regelmäßigen, das bei der japanischen Lesung überdeutlich hervorscheint – obwohl gerade das offensichtlich viele der Zuhörer fasziniert.

Allerdings … Eine Erinnerung aus der Jugend überkommt mich, und ich muss lächeln. Irgendwo hatte ich von Zwölf-Ton-Musik gehört. Das fand ich hochinteressant, und so komponierte ich einige Melodien in der Länge von genau zwölf Tönen. Bald aber war mir das langweilig und ich kam wieder auf längere Stücke zurück. Doch Schemata in der Lyrik gibt es auch in unserer Kultur, das oder das alleine kann es nicht sein.

Aber die Texte von Angelika Holweger zeigen die mich bewegenden Qualitäten von Haiku gut auf:

endlich Sonne
langsam erwärmt sich
das steinerne Herz

Die knappe Form mit starker Betonung von Sinneseindrücken, von wirklich Vorhandenem im jetzigen Augenblick, die sich dabei einstellende Achtsamkeit auf dieses wirklich Vorhandene, die Wertschätzung der Umgebung um uns. Das gibt es in der Literaturtradition unserer Kultur nicht, das ist eine echte Bereicherung.

Ein ausdrücklicher Bezug zum Menschen mag dabei vorkommen, wie hier mit dem doppeldeutigen steinernen Herzen, aber das ist kein Muss, denn er ist eigentlich immer enthalten, wenn wir über das dichten, was uns umgibt.

Der starke Bezug des Haiku zu Natur und Gegenwart hat mir zu Beginn meines eigenen Schreibens besonders gefallen, auch heute entstehen die weitaus meisten Notizen unterwegs, zwischen den Dingen im Augenblick – aber er muss nicht sein oder nicht ausschließlich. Haiku aus der Straßenbahn, der Firma oder Vergangenes erinnernd sind genauso möglich und bereichernd.

Sich überhaupt auf anderes einzulassen, auf Sonne, Steine, Schmetterlinge, Menschen, Straßenbahnen, Bäume, sie nicht nur immer in Bezug auf mich selbst zu sehen und durch die Brille der Gewohnheit, sondern in der Wahrheit ihrer eigenen augenblicklichen Existenz: Das ist mir vielleicht sogar das stärkste Motiv. Und daraus kommt mir auch die größte Belohnung für die Beschäftigung mit dem Haiku.

von Vögeln gesät …
ernte das Licht
der Sonnenblume

Doch auch die Öffnung des Haiku zur modernen Lyrik mit ihrem viel stärkeren Ich-Bezug finde ich inzwischen interessant. Bedeutet „heimisch werden" nicht das Eingehen einer gewissen Verbindung mit dem Vorhandenen? Andere Formen wie die altgriechischen Versmaße und das Sonett haben das vorgemacht. Wenn denn das Haiku dabei sein Herz nicht verliert …

Es ist kalt geworden. Ein Zuhörer hat zwischen den Bäumen noch ein Trompetenständchen geblasen, wir sind aufgestanden und unterhalten uns nun am Stand der Foto-Haiku, während langsam die Sterne erscheinen. Bald fahren wir heim, jeder in seine eigene Welt. Aber, wie verschieden auch immer, in der weiten Welt des Haiku sind wir gemeinsam.

Mitteilungen

Neuveröffentlichungen

1. Georges und Gabriele Hartmann: das Schnurrhaar geknickt. Haiku
   und Kurztext über Katzen, A 6, 20 Seiten, Handarbeit.
   bon-say-verlag. 2018.
   Zu beziehen unter: info@bon-say.de

2. Georges Hartmann: Die Katze beißt sich in den Schwanz. Kurztext.
   Origami-Booklet A 7 aus A4-Blatt gefaltet. Handarbeit.
   bon-say-verlag. 2018.
   Zu beziehen unter: info@bon-say.de

3. Gabriele Hartmann: Sichtweisen. Haiku-Sequenz, A 5, 8 Seiten,
   Handarbeit. bon-say-verlag. 2018.
   Zu beziehen unter: info@bon-say.de

Sonstiges

1. **Ausschreibung Haiku-Jahrbuch 2018** (Volker Friebel)
   Das Haiku-Jahrbuch ist der Versuch, ein Gedächtnis des deutschspra-
   chigen Haiku aufzubauen. Alle bisher erschienenen Jahrbücher (2003–
   2017) sind unter folgender Adresse kostenfrei als pdf-Dateien ladbar;
   www.haiku-heute.de/jahrbuch. Für das Haiku-Jahrbuch 2018 werden
   die besten Haiku gesucht, die 2018 entweder geschrieben oder erstmals
   veröffentlicht wurden, gerne auch in Mundart (zur leichteren Beurtei-
   lung bitte mit Übersetzung ins Hochdeutsche). Senden Sie bitte Ihre
   besten Haiku des Jahres ein (maximal 50). Die Texte müssen keines-
   wegs unveröffentlicht sein, Sie müssen aber über die Rechte verfü-
   gen. Auch Tan-Renga sind erwünscht, längere Kettengedichte,

Tanka oder Haiku-Prosa dagegen nicht.

Bitte fügen Sie noch einige Zeilen zu Ihrer Person hinzu, die, bearbeitet, ins Autorenverzeichnis aufgenommen werden können (Vor- und Nachname, Geburtsjahr, Wohnort, Tätigkeit, Sonstiges).

Das Jahrbuch wird sowohl als Papierdruck als auch elektronisch veröffentlicht. Freiexemplare des Papierdrucks können leider nicht verschickt werden. Jeder aufgenommene Autor erhält aber bei direkten Bestellungen einen Mitarbeiter-Rabatt und außerdem, soweit er eine E-Mail-Adresse angibt, kostenfrei eine elektronische Datei.

Mit der Einsendung erklären Sie, dass Sie über die Rechte an den eingereichten Texten verfügen und mit dem kostenfreien Abdruck im Haiku-Jahrbuch (Papierdruck sowie elektronische Datei) unwiderruflich einverstanden sind. Alle weiteren Rechte bleiben bei Ihnen, Sie können über Ihre Texte also weiterhin frei verfügen.

Einsendungen bitte an: Volker Friebel, Denzenbergstraße 29, 72074 Tübingen (Deutschland), vorzugsweise aber durch das Einsendeformular zum Jahrbuch auf www.haiku-heute.de/jahrbuch. Die Einsendefrist endet am 15. Januar 2019. Benachrichtigungen erfolgen über www.haiku-heute.de und über die E-Mail-Adressen der Einsender.

2. **Das Haiku – Eine Einführung in Theorie und Praxis** (Thomas Opfermann)

Am 30.01.2019 findet an der Volkshochschule Stolberg/Rhld. ein Haiku-Workshop unter der Leitung von Thomas Opfermann statt. Neben einem kurzen Abriss des geschichtlichen Ursprungs bis hin zur heutigen Verbreitung innerhalb der deutschen Lyrikformen liegt der Fokus auf dem Verfassen und gemeinsamen Diskutieren eigener Haiku. Anhand von Beispielen bekommen Sie ein Gefühl für den Charakter eines gelungenen Haiku, den formalen Aufbau, das Spiel der Assoziationen, die Bedeutung der Jahreszeitwörter, etc. Willkommen sind Anfänger und Fortgeschrittene gleichermaßen.

Anmeldung: VHS Stolberg, Frankentalstraße 3, 52222 Stolberg/Rhld. Tel. 02402 862460, Web: http://www.vhsstolberg.de/

3. Veranstaltung – Auch in Berlin springt der Frosch in den Teich

(Evelin Schmidt)

Unter diesem Motto hat die Berliner Haiku-Gruppe eine vergnügliche Lesung über die Haiku-Geschichte und das Haiku initiiert. Eigene Haiku werden gelesen, eine japanische Teezeremonie und die Haiga-Ausstellung „Der Duft des Tuschsteins" runden die Veranstaltung ab. Die Lesung findet im Rahmen der LiteraTour zwischen Elbe und Elster am 30. März 2019 um 15.00 Uhr statt.

Veranstaltungsort: Atelierhof Werenzhain (Südbrandenburg, Landkreis Elbe-Elster)
www.atelierhof-werenzhain.de
Leitung: Petra Klingel
Der Besuch der Lesung ist ohne Anmeldung möglich.

Haiku-, Tanka- und Haiga-Mentoring

Für das **Haiku-Mentoring** stellen sich zur Verfügung:

> Claudia Brefeld   claudia.brefeld@ dhg-vorstand.de
> Brigitte ten Brink   brigitte.tenbrink@gmx.de

Für das **Tanka-Mentoring** stellt sich zur Verfügung:

> Tony Böhle   tonyboehle@web.de

Für das **Haiga-Mentoring** stellt sich zur Verfügung:

> Claudia Brefeld   claudia.brefeld@ dhg-vorstand.de

(Falls Postadressen gewünscht, bitte beim DHG-Vorstand anfragen.)

Wir möchten alle DHG-Mitglieder ermuntern, diese Möglichkeiten des Austausches zu nutzen, und nehmen gerne zukünftig weitere Namen in diese Listen auf, die wir – aktualisiert – in jedem SG vorstellen werden.

Covergestaltung

Das Cover dieser Ausgabe wurde von Hildegard Dohrendorf gestaltet.

Jahrgang 1951, geboren und aufgewachsen in Rehhorst/Holstein. Nach 40 Jahren in Cuxhaven folgte 2018 die Rückkehr nach Schleswig-Holstein, Bargteheide.

Gemalt hat sie schon immer. Die entstandenen Fertigkeiten hat sie in diversen Kursen bei dem Künstler Hans Papendick erweitert. Weitere künstlerische Fortbildung in den Volkshochschulen Cuxhaven und Bremerhaven in verschiedenen Kursen mit den Schwerpunkten Aquarell- und Acrylmalerei sowie Pouring, Pastell und Enkaustik. Der künstlerische Schwerpunkt in den letzten Jahren war die abstrakte und expressionistische Malerei.

Ihre Bilder wurden in verschiedenen Gemeinschaftsausstellungen im norddeutschen Raum ausgestellt.

Bis 2013 leitete Hildegard Dohrendorf die Aquarellmalgruppe der Kirche. Seit Anfang 2000 schreibt sie auch Kurzlyrik u. a. Haiku mit diversen Veröffentlichungen.

Impressum

Vierteljahresschrift der Deutschen Haiku Gesellschaft
30. Jahrgang – Dezember 2018 – Nummer 123

Herausgeber: Vorstand der DHG
                     Tel.: 040/460 95 479
                     E-Mail: info@deutschehaikugesellschaft.de

Redaktion: Claudia Brefeld, Eleonore Nickolay

Titelillustration: Hildegard Dohrendorf

Satz und Layout: Martina Khamphasith

Freie Mitarbeit erwünscht. Ihre Beiträge schicken Sie bitte per

E-Mail an: Claudia Brefeld, Eleonore Nickolay, Horst-Oliver Buchholz,
                     Thomas Opfermann: redaktion@deutschehaikugesellschaft.de

Post an: Petra Klingl, Wandsdorfer Steig 17, 13587 Berlin

Die Meinung unserer Autoren muss sich nicht immer mit der Meinung der Redaktion decken. Die Beiträge werden von uns sorgfältig geprüft, für die Richtigkeit, Vollständigkeit und Aktualität der Inhalte, insbesondere der fremdsprachlichen Texte, können wir jedoch keine Gewähr übernehmen.

In der Zeitschrift SOMMERGRAS wird die männliche Form stets generisch gebraucht und bezieht folglich die weibliche Form mit ein.

Einsendeschluss
für die Haiku- und Tanka-Auswahl: 15.01.2019
Redaktionsschluss: 25.01.2019

Jahresabonnement Inland (inkl. Porto) 45 €
Jahresabonnement Ausland (inkl. Porto) 55 €
Einzelheftbezug Inland (inkl. Porto) 12 €
Einzelheftbezug Ausland (inkl. Porto) 14,50 €
Auslandsversand nur auf dem Land-/Seeweg.

Der Mitgliedsbeitrag beträgt 45 € im Jahr und beinhaltet die Lieferung der Zeitschrift (Inland inkl. Porto, Ausland + 10 € Porto).
Die finanzielle Unterstützung der DHG quittieren wir mit Spendenbescheinigungen.